W9-DIH-072

Discard

TEDBooks

El tesoro de los desconocidos

Cómo conocer a extraños enriquece tu vida

KIO STARK

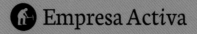

Empresa Activa

Argentina – Chile – Colombia – España

Estados Unidos – México – Perú – Uruguay – Venezuela

Título original: *When Strangers Meet - How People You Don't Know Can Transform You*
Editor original: TED Books - Simon & Schuster, Inc., New York
Traducción: Alfonso Barguño Viana
Diseño del interior: MGMT. design
Ilustraciones: Julia Rothman

TED, the TED logo, and TED Books are trademarks of TED Conferences, LLC.

1.ª edición Noviembre 2017

ISBN: 978-84-92921-78-2
E-ISBN: 978-84-16990-91-7
Depósito legal: B-24.261-2017

Fotocomposición: Ediciones Urano, S.A.U.

Impreso por: MACROLIBROS, S.L.
Polígono Industrial de Argales - Vázquez de Menchaca, 9 - 47008 Valladolid

Impreso en España - *Printed in Spain*

Para mi madre

ÍNDICE

El tesoro
de los
desconocidos

El mostrador es tan alto que para ver los ojos del hombre que prepara los bocadillos debo ponerme de puntillas. Le pido uno, y él asiente. Luego, al retroceder un paso, oigo una voz por encima de mí.

—¿Cómo está? —*me pregunta, de pie sobre la escalera plegable.*

—No me puedo quejar —*respondo*—. Pero estaré mucho mejor cuando me coma el bocadillo.

Se ríe, y luego se vuelve de nuevo hacia las latas que están en la estantería.

—Y, usted, ¿qué tal?

Se voltea hacia mí.

—¿Yo? Ha entrado usted en la tienda, así que me ha alegrado el día. —*Hace una reverencia y sonríe. Su intención es hacerme un cumplido, y así me lo tomo*—. ¿Tiene el día libre?

No llevo ropa de oficina. Entiendo por qué lo pregunta.

—No, soy escritora, así que dentro de un rato me iré a sentar delante del ordenador —*Finjo que tecleo. Me pregunta sobre qué estoy escribiendo*—. Es un libro sobre hablar con desconocidos.

—¡No me diga! Eso es genial —*Desciende de la escalera*—. ¿Sabe? Es lo que yo hago siempre. Quiero decir, lo que hago aquí. Es mi trabajo. Pero, en fin, también en cualquier otra parte —*Extiende las manos, como indicándome el resto de la ciudad*—. No sé, en un ascensor o... No lo hago siempre, porque a veces no es conveniente. Solo digo hola o buenos días. El otro día estaba en un ascensor y le dije a la mujer que estaba a mi lado, la miré *y simplemente le dije «Buenos días», y después me quedé mirando las puertas. No quería que pensara que tenía segundas intenciones ni nada, no es eso. Así que ella se volvió hacia mí y dijo: «Y buenos días para usted también». Y, justo después, añadió: «Oiga, gracias. Ahora ya me siento como un ser humano». Intento hacerlo, vaya. Quiero decir, ojalá todos hicieran lo mismo. No tenemos que vivir así, como si fuera incómodo estar juntos.*

Hablar con personas que no conozco es una aventura. Es mi alegría, mi rebelión, mi liberación. Es mi forma de vivir.

La razón es la siguiente. Al hablar con desconocidos, hacemos interrupciones hermosas y sorprendentes en la narrativa que esperamos de nuestra vida diaria. Cambiamos de perspectiva. Creamos conexiones momentáneas y significativas. Se nos ocurren preguntas de las que pensábamos saber las respuestas. Desterramos las ideas que nos hacen sospechar de los demás.

· · ·

Desde hace mucho tiempo le he estado dando vueltas a esta idea. No se trata solo de que mis interacciones con desconocidos sean significativas para mí, sino que también me fascinan las vidas de los demás, cómo personas de cualquier lugar del planeta entablan conversaciones con extraños, qué razones tienen para hacerlo o para no hacerlo. En la última década, esta fascinación también se ha extendido al mundo de las redes sociales, repleto de nuevas tecnologías que tienen el potencial de crear maneras innovadoras de conectividad. Muchas de las ideas que expongo aquí se concibieron en el curso universitario que creé para el Programa de Telecomunicaciones Interactivo de la Universidad de Nueva York, en el que enseñé a tecnólogos, programadores y diseñadores de aplicaciones a comprender cómo se comportan las personas que quieren interactuar con otras, y por qué algunas hacen lo que hacen delante de otras que no conocen.

En estas páginas exploraremos por qué es bueno hablar con desconocidos. Investigaremos cómo es posible que las personas estén dispuestas a entablar hasta la más breve de las conversaciones con extraños y las dinámicas fascinantes que emplean. ¿Qué implica decir hola a un desconocido con el que te cruzas por la calle? ¿Cómo puede continuar esta interacción? ¿En qué lugares es más factible interactuar con personas que no conocemos? ¿Qué hay que hacer para acabar una conversación? Parecen preguntas sencillas, pero, como veremos, no lo son.

Ahora ha llegado el momento de establecer las normas básicas.

No debería hacer falta decirlo, pero dado que es un libro sobre cosas que no debería hacer falta decir, ahí van:

Cuando hablo de hablar con desconocidos me refiero a interacciones abiertas, respetuosas y auténticas. Nada de lo que escribo aquí tiene la intención de sugerir o aprobar que los contactos no deseados u hostiles —el acoso callejero, en otras palabras— contribuyan a nuestro sentido de la pertenencia o de la humanidad. Interpelar *a* los demás, de forma peyorativa o faltándoles al respeto, es una forma de violencia: silbidos, insultos, comentarios sobre el cuerpo, burlas, amenazas veladas por la dicción y amenazas que se desprenden del mismo tono. Y no solo tienen efectos en ese momento concreto: cuando nos topamos con estas conductas se nos quitan las ganas de hablar con desconocidos. Como ciudadanos de las calles, tenemos dos responsabilidades. La primera es ser amable, y respetuosos. Y la segunda es protestar en voz alta cuando vemos conductas física o verbalmente agresivas, siempre y cuando no conlleve agravar la situación. Así, al pararles los pies a los gamberros, los acosadores y los que rezuman odio protegemos la posibilidad de cualquier persona para que tenga interacciones positivas en público con personas que no conoce.

Este es un libro sobre la conversación, pero también sobre ver, escuchar y estar atento al mundo que nos rodea. Quiero mostrar lo líricas y profundas que pueden ser las conexiones más momentáneas, quiero ampliar los límites de nuestra comprensión y profundizar la percepción que tenemos de los desconocidos. Quiero que percibamos los mecanismos y el sentido invisible de las interacciones esporádicas en la calle. Quiero darnos una nueva razón para enamorarnos del mundo.

1 ¿Quién es un desconocido?

¿Cómo divides el mundo entre conocidos y desconocidos? *Desconocido* es una palabra escurridiza: creemos saber lo que significa hasta que intentamos definirla. Denomina una idea que estructura invisiblemente la vida diaria, lo que vemos, las decisiones que tomamos, nuestra forma de movernos. ¿Preparados para ver lo escurridiza que es? Expliquemos lo que queremos decir cuando decimos *desconocido*.

Lo pregunto muy a menudo, y casi todo lo que me responden se pueden resumir en esta lista maravillosamente contradictoria.

- Una persona que solo hemos visto una vez.
- Todo el conjunto de personas con las que nunca nos hemos encontrado ni hemos conocido.
- Todas las personas que no conocemos pero que posiblemente podemos conocer, aquellas de las que, de alguna forma, sabemos de su existencia pero con las que nunca nos hemos encontrado ni hemos conocido en persona.
- Personas de las que tenemos información personal pero que no hemos conocido, como el amigo de un amigo, o un personaje público.
- Una persona con la que no compartimos el contexto, ya sea ideológico o geográfico.
- Una persona con la que no tenemos nada en común.

- Alguien que no forma parte de ningún grupo al que creamos pertenecer.
- Alguien a quien no comprendemos.
- Alguien que representa una amenaza para nosotros.
- Alguien con quien nos encontramos frecuentemente, pero de quien no sabemos nada más que lo que podemos observar.
- Alguien cuyo nombre no sabemos.

Cuando analizamos nuestras ideas sobre los desconocidos, suele aparecer la noción de que un desconocido es alguien a quien debemos temer, ya sea porque de niños nos enseñaron a desconfiar del «peligro desconocido» o por los mensajes que recibimos de los medios de comunicación, lo cual entra en contradicción con las experiencias que tenemos en nuestra vida diaria. Lo que pensemos que sea un desconocido es una cuestión personal. Lo definen la cultura y la historia. Nuestras interacciones con los desconocidos —y, por lo tanto, la idea que tenemos sobre quiénes son— pueden cambiar debido a factores externos. En momentos de gran desconcierto, en tormentas, inundaciones, apagones, huelgas de transporte, dejamos de lado nuestras expectativas usuales y los sentimientos de comunidad se sobreponen a los del miedo. Los ataques terroristas cada vez más frecuentes de los fundamentalistas islámicos han aumentado directamente nuestro recelo respecto a los desconocidos, y han alimentado suposiciones ilógicas y sin fundamento sobre qué *tipo* de desconocido supone una amenaza.

El concepto de desconocido y cómo nos comportamos frente a él también depende de la situación. ¿Es de noche, estoy solo, estoy en un lugar familiar, estoy perdido, estoy en minoría?

¿Quién es, entonces, un desconocido? ¿A quién debo saludar? ¿Y a quién evitar? Mi hija de cuatro años me obliga a hacerme estas preguntas constantemente. Mi familia vive en una ciudad, en una zona de bloques residenciales y calles comerciales que se cruzan unas con otras. Cuando caminamos juntas por la calle, me fijo en quién es un desconocido para ella.

Yo digo hola a casi todo el mundo, y ella quiere saber por qué. *¿Son amigos nuestros?*, pregunta. «No, solo nuestros vecinos», respondo cuando es alguien a quien vemos a menudo o que pasea cerca de nuestra casa. *¿Los conocemos?* «No, no los conocemos.» *Entonces, ¿por qué los saludas?* «No hay nada malo en ser amable.» Me lo pienso dos veces cuando se lo digo, aunque lo diga en serio. Y, como mujer, sé muy bien que los desconocidos en la calle no siempre tienen intenciones nobles. *Es* bueno ser amable, y es bueno saber cuándo no debes serlo. Pero nada de esto significa que debamos tener miedo.

Nuestro apartamento está cerca de un centro de reinserción, y algunas de las personas que viven allí tienen problemas y están un poco «idos», de una forma u otra. A veces van vestidos con ropa andrajosa o sucia, o se comportan como si estuvieran drogados con algo. Su forma de hablar o su lenguaje corporal en ocasiones me pone en alerta por una conducta que puede o puede no ser inofensiva. Experimento varios grados de incomodidad en estas situaciones, y quiero que mi hija vea que tomo decisiones —y que ella aprenda a tomar las suyas— sobre a quién saludo y a quién evito porque creo que puede ser impredecible o desagradable. Quiero que comprenda una distinción esencial en el mundo de los desconocidos: lo impredecible o lo desagradable no es, por definición, un peligro.

Una mañana, de camino al colegio, había un hombre en medio de la calle que solemos recorrer que estaba gritando con furia, pateando el suelo y agitando los brazos. Le dije a mi hija: «Cambiemos de acera». Ella preguntó: *¿Por qué tenemos que cambiar de acera, si es nuestro vecino?* Una vez hace una pregunta, le siguen muchas más. Así que tuve que pensar en por qué me incomodaba ese hombre y si se debía a una suposición legítima o a unos prejuicios de los que no era consciente. Aquel día, contesté: «Parece bastante enfadado, y no me quiero acercar mucho a él». *¿Por qué está enfadado?*, preguntó. «No sé qué le pasa, pero por cómo grita y cómo se mueve, prefiero no acercarme mucho». Observé cómo lo asimilaba. Había evitado resumírselo con un «Se comporta como un loco», aunque es lo que le hubiera dicho a cualquier adulto. No es que tuviera cuidado en la elección de las palabras, sino que no quería enfrentarme a una cascada de preguntas que no estaba preparada para responder allí mismo. ¿Qué significa *loco*? ¿Cómo ha llegado a serlo? ¿Siempre está loco? ¿Cómo puedo saber si alguien está loco?

En aquel momento, lo importante para mí fue que aprendiera a percibir, no que aprendiera a denominar o categorizar.

Se trata de una cuestión espinosa, porque el cerebro humano está diseñado para categorizar. Categorizamos a las personas para hacernos una idea de ellas. Vemos personas jóvenes, mayores, blancas, negras, hombres, mujeres, desconocidos, amigos, y utilizamos la información que almacenamos en ese archivo, el archivo con la etiqueta VIEJO o MUJER o DESCONOCIDO para definirlos. A veces es lo mejor que podemos hacer, pero supone una falta de conocimiento terrible a nivel individual.

La categorización y su vástago maligno, el estereotipo, los aprendemos en casa, en el colegio, en la calle. Esta forma que tenemos de ver a los demás se arraiga profundamente en la historia humana. El argumento elemental de algunos académicos (y que los medios de comunicación han simplificado en extremo) es que se predeterminó en las etapas primarias de la evolución humana, cuando tener un sentido marcado del «nosotros y ellos» ayudó a los humanos que se encontraban en un entorno con muy pocos recursos para elegir a quién ayudar y a quién excluir para que su grupo tuviera más posibilidades de sobrevivir. En otras palabras, en un primer momento el miedo y los prejuicios eran útiles. Es posible que, de una forma u otra, fuera determinante para nosotros mantener los grupos cerrados. Pero siempre hay que sospechar de cualquier teoría que afirme que el ser humano está predeterminado para algo. Es probable que alguien se valga de esa idea como un arma arrojadiza. Es una palabra que trata de decirnos que algo no se puede cambiar. El hecho de que el «nosotros y ellos» esté profundamente arraigado en la historia humana no significa que sea natural o aceptable. No significa que el prejuicio sea inevitable o inmutable, o que los instintos de miedo y defensa deban seguir rigiendo nuestras vidas.

No hay duda: tenemos que decidir en quién confiamos. El mundo está lleno de peligros, y algunos de ellos tienen un rostro desconocido. De alguna manera, debemos movernos por el mundo sintiéndonos seguros. Pero podemos tomar estas decisiones con atención y elegancia. Si no, viviremos en un mundo unidimensional, carente de conexiones humanas sinceras o imprevistos que nos fuercen a abrir los ojos.

Nada de todo esto es fácil. Aprender a ver a alguien sin trabas, a alguien que nunca hemos conocido, es difícil. Adscribir categorías es un perezoso atajo que tomamos demasiado a menudo. Confiar en nuestras percepciones —prestar atención a lo que nos dicen los sentidos sin abalanzarnos a extraer conclusiones precipitadas— requiere tiempo y esfuerzo. No es un reflejo instantáneo, sino una habilidad que se aprende. La podemos practicar en lugares en los que no haya mucho en juego. Démonos un paseo por el parque durante el día y observemos a las personas que nos rodean. ¿Qué vemos? ¿Qué nos tranquiliza, qué nos hace perder la calma? ¿A quién consideramos un desconocido?

Sea lo que sea lo que encontremos, e independientemente de dónde creamos que provenga, hay un hecho irrebatible: estamos rodeados de individuos, no de categorías. Ahí afuera nos esperan aventuras, aventuras que podemos tener cada día. Comprender cómo dividimos el mundo, aprovechar los sentidos para decidir quién no es familiar o detenernos para decir hola a un desconocido son actos valientes que pueden transformar la experiencia emocional que tenemos del mundo público. Y podemos contribuir a que el mundo público se transforme con nosotros.

2 Intimidad efímera

Como mínimo, sabemos esto: hablar con desconocidos es bueno para nosotros. Y, en el mejor de los casos, es una interrupción exquisita de lo que esperamos que ocurra cuando salimos a la calle o nos montamos en un autobús, cuando vamos al colmado o paseamos por un museo, mientras nos sentamos un rato en un banco de un parque o esperamos en una cola larga y lenta. Cuando sucede algo inesperado prestamos toda nuestra atención, somos conscientes del mundo que nos rodea. Estamos *despiertos*. Cuando interactuamos con un desconocido salimos de nuestro mundo, dejamos de navegar con el piloto automático. Estamos presentes en el momento. Y estar presente es sentirse vivo.

También estamos conectados. La conversación con un desconocido satisface una necesidad esencial, que a veces pensamos que solo pueden satisfacer personas que conocemos.

El nombre de esta necesidad es intimidad. Cuando carecemos de intimidad en nuestra vida —la sensación de estar conectados, de pertenecer a una comunidad, de cercanía a los demás—, sufrimos. Las relaciones que solemos llamar íntimas son aquellas que tenemos con la familia, con los amigos, con la pareja, con los mentores o con los confesores. Las tenemos con las personas a las que conocemos tan bien como a nosotros mismos, a las que vemos a menudo y echamos de menos cuando se van, las que nos hacen sentir como en casa. Este tipo de cercanía es una larga y tensa cuerda que nos entrelaza con el tiempo.

Pero la necesidad de intimidad pone en juego muchos más aspectos de los que podamos pensar en un primer momento. Existe otro tipo de relación íntima, una que nos mantiene unidos durante un momento efímero y luego se desvanece. Su naturaleza breve y vinculante no pide más de la realidad que compartir un momento íntimo: imprevisto, sincero, con significativos ecos interiores. Es la intimidad callejera y la encontramos, si somos afortunados, cuando hablamos con desconocidos.

Si la intimidad es privada, la intimidad callejera es pública. Es una señal de reconocimiento que se intercambia en la acera, mantener una mirada o decir una rápida «hola» cuando nos sentamos al lado de alguien en el metro, un «que vaya bien» de despedida a la última persona que sale del ascensor antes que nosotros. Podemos encontrarla en todos aquellos lugares en que se cruzan personas desconocidas.

Hace treinta años, una amiga mía estaba en un tren parado en la estación, mirando por la ventana. Apareció otro tren en la vía adyacente, que también se detuvo. Intercambió una mirada con un hombre que estaba sentado en el otro tren, durante los largos segundos en que ninguno de los dos trenes se movió. Cuando se cerraron las puertas, se saludaron. Esta interacción fue tan emotiva para ella que sigue recordándola. Fue un momento de conexión con un desconocido real y positivo. No tenían que conocerse: bastaba con que fueran seres humanos.

Como vemos, no es necesario hacer mucho. Una mirada compartida o un intercambio de lo que parece, a primera vista, una charla insignificante puede darnos un momento de felicidad o grabarse en nuestra memoria. Lo que ha ocurrido es que alguien ha notado nuestra existencia como persona y nos ha interpelado. Nos han visto.

Las palabras rituales que decimos al cruzarnos con alguien, que tal vez no signifiquen mucho, como «¿Qué tal estás?», «Buenos días»,

«Qué día más magnífico, ¿verdad?», «Que te vaya bien», «*Hola, mami, ¿cómo estás?*», se denominan en lingüística comunicación fática y son un ejemplo de la función relacional del lenguaje. Son frases con poco valor semántico, porque no estamos comunicando nada factual ni necesario. Pero tienen un tremendo valor social. Estas significativas palabras insignificantes las utilizamos tanto con desconocidos como con personas cercanas a nosotros. Lo que queremos decir es lo siguiente: veo que estás aquí, hola. Estos sencillos reconocimientos comportan un auténtico placer y sensación de cercanía. No queremos respuesta alguna, sino que afirmamos la existencia de cada uno de nosotros, lo cual no es poca cosa.

Podemos decidir que estos pequeños reconocimientos se conviertan en una costumbre, y esta decisión nos cambiará. Cuando unos investigadores pidieron a un grupo de clientes de Starbucks que hablaran con el barista como si lo conocieran o que, por el contrario, se abstuvieran de hablar, aquellos que entablaron conversación salieron de la cafetería con más sentimientos positivos. De igual forma, pidieron a los pasajeros de un tren que hablaran (o no) con los desconocidos, así como a las personas que estaban en una sala de espera de un laboratorio de psicología experimental donde pensaban que estaban esperando a que el experimento comenzara. Los resultados de estos experimentos demostraron que, en general, a las personas les sienta bien hablar con desconocidos, *incluso* si no esperábamos hacerlo. Pensemos en lo extraordinario que es: estas conexiones efímeras, lo que los académicos llaman «interacciones sociales mínimas», nos aportan una sensación de conectividad tan real que, de hecho, contribuyen a satisfacer la necesidad humana básica de la sociabilidad.

Es el día de San Valentín y el metro está lleno de gente que parece triste o feliz, nadie es indiferente. Me escabullo hasta un asiento central al lado de un tipo bajo y orondo con ojos de cordero y la cabeza rapada. Se aparta un poco, pero sigue ocupando casi la mitad de mi asiento.

—Lo siento —se disculpa con un tono amabilísimo—. Me bajo en la siguiente parada y no me encuentro nada bien, por esto estoy sentado así, un poco despatarrado.

—No pasa nada —le contesto—. Hay suficiente espacio.

Me giro hacia él y le miro a los ojos. Sonrío. De verdad que no me importa y, por alguna razón, quiero que lo sepa.

Me mira un momento.

—¿Sabe? No tengo pareja, y me da igual. A mi edad, me he dado cuenta de que el amor en sí es mi pareja. Simplemente, el amor. Lo puedes compartir con tu familia, con tu tía, con tu hermano, con tu mascota, con tu primo... Lo puedes compartir con quien sea.

—Podemos compartir el asiento —respondo.

—¿Ve? Es hermoso, ¿no? Feliz día de San Valentín —concluye, y, a medida que el tren ralentiza la marcha, se levanta.

· · ·

La piel del yo

Igual que las ciudades son lugares en los que hay infinitas posibilidades de conectar efímeramente con alguien, también están llenas de ruido, tensión y muchedumbres, de insultos y agravios, de personas que no ven a las demás. La intimidad callejera es especial precisamente porque es inesperada y no tiene nada de automático. Los urbanitas no están preparados para ello. Cuando salimos de casa nos ponemos el abrigo y, con él, cubrimos nuestra vida interior con un caparazón protector. Es un límite fino e invisible que protege nuestras partes más débiles de las personas que no conocemos. Sin él nos sentimos demasiado vulnerables. Solo porque alguien esté cerca de nosotros, o porque estemos interactuando por necesidad, no significa que le debamos dar acceso a nuestra vida interior. Tenemos deseos contradictorios. Queremos que nos vean y que no nos vean. Queremos que nos conozcan y que no nos conozcan. En cada interacción que tenemos, el grosor o la delgadez de este límite se negocia una y otra vez. Nos cerramos y nos abrimos, nos abrimos y nos cerramos.

A veces, cuando hablamos con un desconocido, nos parece que hemos entablado algo más que una charla insustancial, nos parece que hemos podido vislumbrar una parte de su ser interior. Y parte del placer consiste en este destello. La fachada que presentamos a los desconocidos unas veces se puede atravesar y otras, no. Pero en ocasiones, al intentarlo, logramos traspasarla sea como sea.

Vengo a este lugar algunas mañanas durante la semana. El dependiente conoce mi cara. Hoy estoy esperando un bagel y me suena el teléfono. Tengo una conversación breve y entrecortada, y luego cuelgo. El dependiente alza la mirada y me pregunta cómo estoy.

Decido ser sincera, puesto que ha observado el nerviosismo con el que he hablado.

—Estoy un poco hecha polvo —contesto—. ¿Y tú?

—Bien, gracias —responde, y mira hacia la ventana. Espero hasta que vuelve a prestarme atención.

—Si no estuvieras bien, ¿me lo habrías dicho?

La pregunta le confunde.

—Estoy bien —repite, sonriendo.

—Lo sé, pero si no lo estuvieras, ¿me lo dirías?

Se ríe. Es una risa que ya he oído antes. Es la misma que le dedica a los residentes del centro de reinserción del barrio que tienen que contar los céntimos para pagar el café.

—Claro que no —me dice todavía sonriendo—. Nunca te diría algo parecido.

Había comenzado como un intercambio ritual. Pero rompí las normas y creé un espacio para que me reconociera. Intenté atravesar la superficie de la charla rutinaria para llegar a algo más profundo e, incluso al rechazarme, aquel dependiente me mostró sus límites, su privacidad, la armadura con que se protege de todos los desconocidos con los que habla cada día. Me mostró que no tenía por qué darme acceso a sus sentimientos solo porque yo se lo pidiera.

·   ·   ·

El sentimiento general.

Escuchar

En una ocasión me pasé toda una temporada de carreras de caballos entrevistando a apostadores veteranos en un hipódromo de Miami. Entre un par de carreras, uno de aquellos hombres me tomó la mano y me dio las gracias. Me dijo que sus nietos no querían saber nada de todo aquello. Me contó historias sobre estafas y timos, sobre los trucos para descifrar la información del programa de carreras, sobre las hijas de los ostentosos gánsteres que debía vigilar, y me explicó cómo leer la hoja de apuestas. Historias fantásticas, divertidas, ilícitas, en las que tanto se incriminaba como se mitificaba a sí mismo, relatadas de forma magistral. Yo apenas hice nada para que me lo contara. Llamó a otro apostador curtido para que me conociera. «Es como una esponja, quiere saberlo todo», le dijo al otro. Y era exactamente así. Me sentaba en silencio y lo miraba a los ojos. Le escuchaba. Resulta que no es muy común que escuchemos a los demás. Y, una vez que nos sentimos escuchados, no podemos parar de hablar.

«Hablar con desconocidos es, básicamente, la razón por la que me mudé a Nueva York. Lo hago continuamente», me aseguró un joven cuando le dije que estaba escribiendo este libro. Un año atrás, se había trasladado desde una ciudad pequeña pero sofisticada del Medio Oeste. «Quería darme la oportunidad de que me sorprendieran.» Le pregunté cómo eran sus interacciones. «Todo consiste en contarse historias. Yo, por mi parte, relato las mías. Y, los demás, las suyas.» Compartimos un asentimiento conspirativo, él y yo, dos personas que nunca se volverán a ver.

En la radio retransmiten un programa de humor. Un nuevo estudio afirma que los hombres que besan a su mujer cada mañana viven cinco años más que los que no lo hacen.

El conductor me dice:

—Yo besaría a mi mujer cada mañana... ¡si me dejara!

Tiene una risa dulce. Es un tipo pequeño, bien tapado para protegerse del frío. Se lleva la mano a la barbilla.

—De hecho, esta mañana le he advertido de que era su última oportunidad de besarme la barbilla rasurada hasta que llegue el verano. Me voy a dejar la barba para pasar menos frío. Nunca he llevado, pero tengo que hacer algo, me congelo en el coche.

—Y, ¿le ha besado?

—Sí, mi mujer es una buena chica. Somos totalmente diferentes. Se pasa todo el día leyendo libros. Yo ni me acerco a ellos. No llegué a hacer el bachillerato, pero, de alguna forma, nos llevamos muy bien.

Vamos por una calle junto al río, el tráfico es lento.

—La conocí aquí, en el coche. Era una cliente. La recogí en el hospital, y nos pusimos a hablar tanto ¡que olvidé dónde tenía que dejarla! Me dijo que no pasaba nada. Desayunamos juntos un par de días y luego se vino a vivir conmigo. Ocho años. Yo me crie por allí —dice, señalando varias torres que están construyendo al otro lado del río—. Empecé a traficar con drogas a los doce. Y tengo que decirle que me dieron muy buena vida. Tenía dinero. Viajé por todas partes. Incluso fui a algunos lugares en los que no recuerdo haber estado, pero los amigos me aseguran que estuve allí. Luego tuve que dejarlo. Uno se hace mayor. Y aquí estoy —Se calla. No sé si tiene más que decirme—. Ahora las cosas me van bien. Trabajo, la gente trabaja.

Así escrito puede que parezca triste, pero no lo es. Él no está triste. Vuelve a reír con esa risa dulce. Luego me entero de que se está muriendo lentamente por las consecuencias de la vida que llevó. Es el hígado, me dice, pero el corazón lo tiene bien.

En los últimos años, varios estudios sociológicos y psicológicos sobre cómo se relacionan los amigos y las parejas en comparación con cómo se relacionan los desconocidos se han aireado en los medios y han suscitado grandes controversias. La interpretación de estos estudios muestra que la comunicación con las personas cercanas es mediocre, y sugiere que ha habido un cambio cultural que ha mermado nuestros vínculos íntimos y ha convertido nuestra vida doméstica en un páramo. Pero, en mi opinión, estos estudios han pasado por alto la cuestión verdaderamente importante. Lo que demuestran es lo íntimas y significativas que, de hecho, son las relaciones entre desconocidos, y que necesitamos estas especiales formas de cercanía tanto como a nuestros amigos y familiares. Nos comunicamos emocionalmente con nuestra pareja porque estamos cerca de ella, queremos comprender y que nos comprenda. Pero también caemos en el «sesgo de la cercanía». Damos por descontado que nuestra pareja ya sabe lo que queremos decir, que en cierta forma puede leernos la mente y saber lo que queremos. Es posible que nos comuniquemos emocionalmente de forma más fluida con desconocidos porque *no* damos por supuesto que ya saben lo que queremos decir. Con alguien que no conocemos debemos empezar de cero. Tenemos que explicarle todo. Le contamos la historia, quiénes son los personajes, qué sentimos respecto a ellos, y desbrozamos todas las bromas personales. Y esto es lo sorprendente: a veces nos entienden mejor.

Tampoco tenemos nada que perder cuando hablamos de nuestros sentimientos, opiniones, secretos e historias con desconocidos. Podemos ser vulnerables y compartir abiertamente lo que pensamos sin sufrir consecuencia alguna. Si el desconocido nos tiene en poca consideración, se queda estupefacto o no está de acuerdo, no nos importa. Un desconocido puede escuchar lo que sentimos sin tener que vivir con ello.

Y es en este punto donde todo se vuelve más interesante. Si un desconocido escucha tus sentimientos, es más probable que se abra. La vulnerabilidad y la revelación —compartir hechos, opiniones, anécdotas y emociones que crean vínculos profundos para ambas personas— tienen una lógica particular, una lógica de la reciprocidad. Un estudio reciente investigó sobre el mecanismo de esta dinámica y concluyó que «la revelación suscita revelación». Si nos limitamos a compartir información superficial con alguien, el mecanismo no se pone en marcha. Pero cuando hablamos de sentimientos íntimos, de creencias arraigadas, de pasiones que apenas hemos explorado, se pone en funcionamiento una reciprocidad asombrosa. Nos parece natural cuando lo hacemos con nuestros amigos, con la familia o con la pareja. Pero sucede exactamente lo mismo con los desconocidos. Si alguna vez disfrutamos de una relación inesperada y rápida en una conversación con un desconocido, es que ha tenido lugar la lógica de la revelación.

Una relación emocional sencilla también puede comenzar con el cuerpo. Sin darnos cuenta, tendemos a imitarnos entre nosotros. Y esta actitud se acentúa más cuando queremos agradar. Es un precepto de la sabiduría relacional que, cuando dos personas se gustan, tienden a imitar o copiar las posiciones, movimientos, gestos y expresiones vocales inconscientemente. Al flirtear, ya seamos consciente o no, intentamos coordinar nuestro cuerpo para agradar al otro. Cuando rechazamos una apertura, nos preocupamos de que los cuerpos no estén sincronizados para dejar claro que aquella persona no nos interesa. Los experimentos han confirmado que el mimetismo comunica (o se puede manipular para que comunique) la distancia social que deseamos en una interacción. Un mimetismo marcado transmite el deseo de lograr más cercanía, y viceversa. Los investigadores denominan estos movimientos y ritmos corporales miméticos, y los gestos y tonos sincronizados, «relación corporal». Cuando tenemos una conexión corporal no solo nos sentimos atraídos por la otra persona, sino que nacen en nosotros sentimientos de compasión, cooperación, afiliación, apoyo emocional, satisfacción e incluso umbrales de dolor más elevados, según los investigadores en psicología. La relación corporal también conlleva que nos sintamos más cómodos al revelar nuestros sentimientos.

No me estoy refiriendo únicamente a algo romántico. La franqueza inesperada y recíproca de esta conexión corporal es igual de poderosa entre desconocidos que se encuentran en situaciones totalmente antirrománticas. Un informe para ayudar a los agentes del orden público a fomentar y mantener relaciones en los interrogatorios demostró que el mimetismo no verbal y las revelaciones de los entrevistadores policías propició más información, más confianza y más cooperación de los sospechosos. Conductas no verbales como el contacto visual, inclinarse hacia el interrogado y el mimetismo crearon relaciones físicas que facilitaron confesiones, mientras que la revelación personal de los interrogadores suscitó una revelación recíproca de los interrogados.

Otro estudio demostró que la sincronía física favorecía una relación personal y las revelaciones. En un grupo de parejas del mismo sexo, les dieron a la mitad de ellas la versión abreviada de lo que ahora es ampliamente conocido como «las treinta y seis preguntas» que pueden inducir a las personas a enamorarse, que creó el psicólogo e investigador Arthur Aron. Al grupo de control se le encomendó editar un documento juntos. Unos observadores puntuaron el grado de sincronía y mimetismo corporal en cada interacción, y después preguntaron a los participantes sobre las emociones y sentimientos positivos de la relación corporal.

Valoraron aspectos como sentimientos de cercanía o confianza, y también si había o no «un flujo de pensamientos compartidos». Y este fue el resultado: cuanta más sincronía física había, más significativas fueron las relaciones y las revelaciones de los participantes.

Yo ya sé todo esto, y me sigue sorprendiendo. Cuando entrevisto a una persona, adopto un mimetismo corporal de manera bastante intencionada. Al fin y al cabo, las entrevistas son una forma de seducción. Alineo los hombros, cambio de posición cuando cambian de posición, hablo a su misma velocidad. La gente se abre. Me cuentan sus secretos. Y después, inevitablemente, sin esperarlo, sin pretenderlo, acabo compartiendo sentimientos para los que aún no había hallado palabras, o detalles de mi vida que solo conocen algunos de mis amigos. Y, entonces, las personas que entrevisto me cuentan todavía más cosas.

•   •   •

Vecinos

Si vivimos durante un tiempo en algún lugar empezaremos a reconocer a los vecinos, y esta intimidad que compartimos en la acera contribuye a que en este lugar en concreto nos sintamos como en casa. Marcamos límites a los vecinos inconscientemente, para conservar una sensación de privacidad y una distancia social en áreas residenciales densamente pobladas. En la calle creamos vínculos informales y agradables con algunos de nuestros vecinos, los conocemos y nos conocen, los aceptamos y nos aceptan. Nos arraigamos en un lugar gracias a las personas que conocemos, por la concatenación de breves transacciones humanas que han tenido lugar en ese espacio. Son profundas necesidades humanas que suelen satisfacer nuestros amigos íntimos y, a veces, aquellos que son desconocidos. También las satisfacen las personas que viven en nuestro barrio.

Durante cinco años viví sola en un bloque de apartamentos en una manzana de clase media y multiétnica con casas adosadas, rodeada de solares. La gente se sentaba en los pórticos o se apostaba en la entrada de sus pequeñas parcelas de jardín durante todo el día. Arrancaban malas hierbas o lavaban los coches, caminaban hasta la tienda de la esquina y volvían. Pasaban tiempo en la calle y conversaban entre ellos.

«Hola, desconocida», me dice mi vecino, el exbombero, cuando nos cruzamos hoy, pero ya han pasado muchos años desde que fuéramos desconocidos. Lo sé todo sobre la caída que le destrozó la pierna y los clavos que lleva en la rodilla y que deben cambiarle regularmente. Sé dónde se crio y que su hermano vive al otro lado del río. He admirado el Lincoln rojo que guarda en el garaje durante el invierno, y una vez le ayudé a salir del sedán negro azabache, cuando le dolía la pierna. Sé que hacía atletismo en el instituto, campo a través. Los días calurosos me recrimina que no lleve ropa para correr, y cuando llego a casa sudada después de hacer ejercicio me advierte de que debo hacer estiramientos.

Hoy le digo que me mudo. «No está muy lejos, seguirás en el barrio», responde. Me da la mano, como para despedirse de todos estos años. «Que tengas buena suerte.»

«Vendré por aquí para verte algún día», comento. Es algo que le decimos a alguien a quien seguramente no volveremos a ver, y ni siquiera sabría con seguridad cuál es su casa si quisiera llamar al timbre. Me doy cuenta de que esto es la intimidad callejera, y al estrecharle la mano me parece ver cómo se cristalizan los límites.

Durante el año después de mudarme me acerqué algunas veces a mi antigua calle, pero no volví a encontrarme con el exbombero. El otro día estaba en una pizzería con mi hija pequeña, y ella empezó a bailar imitando a alguien que estaba detrás de mí. Me di la vuelta y me llevó un segundo reconocer el rostro sonriente y cordial. «¿Cómo estás?», me preguntó. «¿Te acuerdas de mí?» Por supuesto que me acordé, cuando mi consciencia recuperó del recuerdo la calle en la que había vivido años antes. Se lo presenté a mi hija como si fuera un viejo amigo, y no me pareció la presentación más adecuada, pero tampoco se me ocurrió nada mejor. Había olvidado lo cálida y recurrente que era su risa. La calle en la que vivíamos se había gentrificado, y él había vendido su casa adosada y se había mudado a la playa.

De alguna forma, escribí este libro para describir por qué aquel momento me inundó de una felicidad tan inmensa, por qué me encantó presentar a mi hija a una persona cuyo nombre había olvidado y que, sin embargo, lo llamé mi amigo.

* * *

Desconocidos sin cuerpo

Desde hace mucho tiempo, los tecnólogos han estado intentando conectar a desconocidos en los lugares públicos que frecuentamos cuando nos conectamos a ciertas comunidades en línea, redes sociales, aplicaciones o juegos, y resulta que es muy difícil. Aparte de las aplicaciones y las páginas web que facilitan citas, dado que tienen un propósito muy determinado con protocolos de comunicación muy claros, nunca he encontrado una aplicación que tenga éxito en este aspecto. A veces sí que funcionan algunos proyectos públicos para un «lugar específico» que aúnan la comunicación tecnológica con el mundo físico, como Branch Out, creado por algunos de mis antiguos estudiantes, que instalaron dos objetos parecidos a tocones en ambos extremos de un parque para que la gente pudiera hablar entre sí como si fuera un teléfono manos libres.

La razón por la que creo que estos intentos se quedan cortos es que prescinden de uno de los aspectos más emocionantes de las interacciones con desconocidos: es decir, ocurren cuando no lo esperamos. Parte de la diversión consiste en que es algo sorprendente. En el mundo físico controlamos el péndulo emocional para decidir hasta qué punto nos implicamos, desde una mirada agradable hasta una conexión emocional. Es difícil reproducir estos placeres sin un cuerpo.

Uno de los pocos casos que han tenido éxito —y que siempre ha sido de mis favoritos— es Chat Roulette. Funcionaba de la siguiente manera. Encendías la cámara y el sistema te conectaba con otra persona. Tenías la opción de utilizar micrófonos, chatear o ambas cosas a la vez. Cualquiera de las dos personas podía dar fin a la conexión y, si lo hacían, podían conectarse de nuevo sin ningún problema. Al principio había muchos menos exhibicionistas y mirones de los que se podría esperar, y fue entonces cuando lo utilicé. La primera persona que me propuso el sistema fue un joven que estaba en su sala de estar, y ambos mantuvimos la conexión. Yo sentía incomodidad, pero también una curiosidad salvaje. Le dije que estaba haciendo una investigación. Era un poco un regate emocional, pero no le faltaba un punto de verdad. Él me dijo que lo había utilizado ya unas cuantas veces y que le fascinaba porque había tenido algunas conversaciones interesantes. Me dijo en qué ciudad vivía. Le pregunté si había compartido información de contacto con alguien, o si estaría dispuesto a hacerlo. Respondió que no lo había hecho, pero que no lo descartaba. Me deseó buena suerte con el proyecto. Nos despedimos. Y eso fue todo: desapareció para no volverlo a ver nunca más.

Uno de los placeres maravillosos e involuntarios de Chat Roulette era ver las habitaciones en las que vivía la gente, dormitorios, salones y despachos, anónimos, decorados, a veces ensombrecidos. Aunque la conversación no fuera nada del otro mundo, ver el interior de los hogares era como ver el interior de sus vidas. Si hablaba un buen rato con alguien, a menudo cogían el ordenador y me enseñaba su casa. Los adolescentes solían utilizar Chat Roulette en grupo. En una ocasión, un grupo de adolescentes excitados se me quedó mirando. «Oye —gritó uno de ellos—, ¡tú debes de tener unos cuarenta años! ¿Qué estás haciendo aquí?» Los demás estallaron en carcajadas y luego cortaron la conexión. La persona más sorprendente con la que hablé fue un joven programador de Ucrania. Me dijo que su trabajo era muy solitario y que le gustaba usar Chat Roulette para conectar con personas y darse un respiro. Una vez, me contó, se puso a hablar con un encargado del servicio al cliente de India, y acabaron dejando la conexión abierta durante todo su turno, dándose compañía sin hablarse, como si de alguna manera estuvieran en la misma habitación.

Otras estrategias tecnológicas para recrear el equivalente de la intimidad callejera usan la tecnología para generar interacciones en persona en el espacio físico. Aparece una aplicación tras otra (o alguna tiene éxito, y entonces buscan financiación) que intenta crear una «aplicación para ligar con desconocidos en tu habitación», sin intenciones románticas. Fracasan por varias razones, una de la cuales es que no logran generar interacciones inesperadas y divertidas.

La aplicación de Miranda July, Someone (que ahora ya ha desaparecido), era la única que casi lo logró. Esta aplicación dio un giro lúdico y teatral para crear momentos especiales entre desconocidos. La premisa consistía en que podías enviar un mensaje a otra persona a través de un intermediario. El mensajero debía encontrar al destinatario y darle voz al mensaje, incluyendo cualquier gesto físico que se hubiera pedido. El mensajero tenía que aceptar la misión y el destinatario debía consentir en que era un buen momento. No siempre encajaban todas las piezas. La densidad humana de las ciudades hace probable que cerca de un amigo haya otro usuario de la aplicación. Pero en las ciudades también hay una densidad de propósitos —plazos de entrega y horarios, pluriempleo y recaderos a pie, un ajetreo constante y un poco de ociosidad— que hace *menos* probable que robemos unos minutos a lo que estamos haciendo para ser mensajeros. Nunca conseguí que uno de mis mensajes llegara a su destinatario, pero el año pasado fui mensajera de uno. Caminé durante diez minutos desviándome de mi camino para llegar a un restaurante y allí encontré a mi objetivo. Había avisado a los camareros de que esperaba a alguien. Me dirigí a su mesa, dejé mi pesado bolso en una de las sillas e hice lo que se me había encargado. Todo el restaurante se nos quedó mirando. Él y su compañero de mesa rieron y aplaudieron. Lo difícil fue saber qué hacer una vez cumplido el encargo. Aún no les habían servido la cena. Intercambiamos miradas cálidas. Después de un minuto embarazoso, les dije: «Ok, ¡eso es todo!», y me fui del restaurante. Me encantó ese minuto encantadoramente embarazoso, porque la incomodidad siempre es sincera. Éramos tres seres humanos compartiendo un momento verdaderamente raro. Mi compañero se había quedado en la puerta y presenció todo el espectáculo. Me dijo: «Estabas dispuesta a sentarte y cenar con ellos, ¿verdad?» Y era cierto. Fue extraño y maravilloso.

Pero no todo el mundo pensará igual. Cuando les cuento a amigos que considero introvertidos mi investigación sobre las interacciones con desconocidos y el placer que supone para mí, la respuesta más común siempre me sorprendió hasta que, de tanto escucharla, dejó de hacerlo. Este es el resumen de lo que suelo escuchar: «Me cuesta mucho hablar con la gente en un evento social, donde se supone que debo hacerlo. Pero, en cambio, disfruto cuando hablo con personas que están esperando en algún lugar o que están paseando el perro o trabajando de cara al público. Les pregunto qué están haciendo, averiguo qué pueden saber del mundo que yo desconozca, o me limito a decirles hola». Suelen expresar esta experiencia contradictoria como si fuera un misterio que siguen tratando de resolver.

Pero, de hecho, su sentido es muy claro si reconocemos que son dos situaciones sociales diferentes, y la que más agrada a los introvertidos es el intercambio que solo tiene lugar una vez. No volveremos a ver a esa persona y, en el caso de que sí la veamos, no estaremos obligados a retomar la conversación ni a profundizar en nuestra relación. No tenemos que preocuparnos de lo que puedan pensar de nosotros. Tenemos el control sobre cuándo dar fin a la interacción, porque podemos irnos cuando lo deseemos. Entablamos la conversación, en primer lugar, porque sentimos curiosidad. Y disfrutamos de ella porque es un placer diferente de las conversaciones que sirven para crear una relación, conversaciones con expectativas, con rituales, con efectos potencialmente duraderos. Lo que estamos haciendo es socializar de forma diferente.

Hay luna llena y un amigo me escribe para que salga a verla. Lo hago, y camino lentamente, contemplando la luna, por el porche. Hago una foto, como todo el mundo hace ahora. Una mujer con unos rizos preciosos sube por la calle paseando al perro. Se para tres portales antes de mi casa y se da la vuelta. También toma una foto.

«Es una bella postal», le digo, y su perro empieza a tirar de la correa. Se da la vuelta y comienza a caminar hacia mí. Acaba contándome que, hasta que no tuvo perro, no salía nunca por la noche.

«Solía mirar las fotos de mis amigos, de un amanecer, de la luna, y me decía: "¿Será posible?, me lo he vuelto a perder". Pero ahora —dijo, tirando de la correa— salgo con este perro que me encontré en julio. Cada noche estoy en la calle.»

3 Un mundo de desconocidos

De modo que sí, que es un placer hablar con desconocidos, es un destello de conexión. Buscar intencionadamente estas experiencias no solo cambia nuestra vida diaria, sino que también puede tener un efecto político en el mundo para protegernos del miedo y fomentar la sinceridad, la cooperación y una verdadera comprensión del otro.

Se puede respirar una tremenda ansiedad cultural sobre los desconocidos peligrosos en las calles. Me refiero a ideas, miedos, estadísticas de los diarios, tramas de novelas y películas, experiencias individuales que se nos meten bajo la piel, y a cómo estas experiencias se abren camino en las conversaciones públicas.

Esta ansiedad no surge de la nada. Históricamente, desconocidos reales e imaginarios han sido figuras que encarnan, a la vez, peligros y posibilidades. Durante gran parte de la historia preindustrial, la mayoría de la gente no vivía en ciudades y, por lo tanto, había pocas probabilidades de que se encontraran con un desconocido. Se cruzaban con uno en los mercados o en los caminos. En aquellos lugares susceptibles de ofrecer tanto gangas como estafas, el peligro estaba en el bolsillo. En las rutas que tomaban los comerciantes y los viajeros acechaban los bandoleros y los ladrones, aunque también era posible tener la suerte de que alguien te diera cobijo o un buen consejo. La llegada a un pequeño pueblo de un viajero desconocido era un acontecimiento, y requería una negociación delicada. Había que alimentarlo y alojarlo, sin saber qué consecuencias tendría. Podía ser una persona honesta y traer buena suerte, quizá venía a comprar productos o traía noticias. Pero también podía ser un ladrón. O un impostor. Estas dualidades se pueden observar en los cuentos de hadas europeos. Impostores, bandidos, viejas en las que no se puede confiar, el lobo malvado que se nos cruza en el camino. Y, por otro lado, existen las historias de los humildes hijos segundones que se embarcan en un viaje para hacer fortuna. Por el camino, comparten la poca comida que tienen con un desconocido, y el desconocido siempre les da en contrapartida una capa que los hace invisibles o les confía un secreto importante o les da un amuleto mágico que les ayudará a conseguir lo que quieren.

Y luego llegaron la primera y la segunda revolución industrial. A medida que las ciudades crecieron y se llenaron de fábricas, las cosas cambiaron. La muchedumbre acudió desde los pueblos para llenar los talleres, y el problema de la legibilidad se volvió constante y urgente. La clase media urbana y los nuevos trabajadores de la ciudad se plantearon nuevas preguntas. ¿Cómo podemos saber quiénes son estas personas, y cómo sabremos si podemos confiar en ellas? ¿Cómo debemos comportarnos? Y, más tarde, en la década de 1920, las mujeres empezaron a estar presentes en los espacios públicos, lo cual añadió otra capa de confusión a la forma en que se relacionaban las personas en la calle.

Estas historias siguen afectándonos. Conocemos los cuentos populares, así que sabemos que un desconocido tanto puede ser una cosa como la otra. En el mejor de los casos, aún nos sentimos incómodos cuando tratamos de comprender a alguien diferente a nosotros. Sospechamos, a veces con razón. Todavía nos enfrentamos al problema de confirmar que los desconocidos son quienes afirman ser, y al problema de comprender y confiar en sus intenciones. La mayoría de personas vivimos rodeados de una multitud y vamos de una casa a otra, de un barrio a otro, de una ciudad a otra, de un país a otro, en busca de algo mejor o de algo nuevo. Si podemos, llevamos una identificación, porque nos la exigen rutinariamente. Seguimos actuando como si vivir entre desconocidos fuera una novedad, en lugar de ser la norma.

¿Por qué tememos a los desconocidos? Porque su estatus o intención no se puede saber con facilidad. Porque los crímenes o las agresiones a veces se cometen por o entre desconocidos, y son los crímenes o agresiones que más eco tienen en los medios de comunicación. Porque existen situaciones en las que la capacidad de comprender al otro es importante materialmente. Es importante para la seguridad de nuestro cuerpo y, por lo tanto, la capacidad de comprender las intenciones del otro es una cuestión urgente. Porque el miedo es más fácil que el riesgo.

Sin una percepción matizada, los miedos son una barricada brutal contra la presencia y la sinceridad que podría propiciar encuentros con desconocidos para cambiarnos a nosotros mismos y al mundo en el que vivimos. El miedo categórico o universal alimenta los prejuicios que luego se convierten en leyes opresivas y políticas implacables, justificaciones para el control social y la violencia diaria. Así que hay algo más en juego que solo la intimidad cuando decidimos hablar con desconocidos. Hablar con personas diferentes a nosotros puede ser radicalmente transformador. Es un antídoto contra el miedo.

* * *

Cuanto más visualmente familiar sea algo, más fácil será que nos sintamos cómodos con ello. Cuanto menos extraña sea un tipo de persona, un tipo de rostro o de forma de vestir, más probable será no solo que lo toleremos, sino que, de hecho, nos *guste*. Los psicólogos sociales lo denominan «el efecto de mera exposición» y está fundamentado en investigaciones experimentales que se han llevado a cabo desde hace décadas. Tomemos un ejemplo muy claro. Cuanto más a menudo veamos a una mujer con el pelo teñido de verde, más probable será no solo que nos guste, sino que pensemos que alguien con el pelo verde —hombres, mujeres, negros, blancos, asiáticos, viejos o jóvenes— no tiene problema alguno. O, con un ejemplo más acuciante, cuanto más a menudo estemos en contacto con mujeres árabes que lleven *hiyab*, más probable será que tengamos sentimientos positivos hacia mujeres que lo lleven o hablen árabe. Este es el maravilloso truco de la mera exposición: *generaliza*. Que tengamos la tendencia a que nos gusten nuevas cosas o tipos de caras o de personas que se parecen a algo que ya se ha vuelto familiar para nosotros puede, potencialmente, cambiar el mundo. Y es una buena razón para vivir en comunidades diversas y para hablar con los desconocidos que nos encontremos.

Cuanto más expuestos estamos a personas diferentes de esta manera laxa y generalizada, más probable será que nos gusten, y que incluso intentemos comprender cómo viven y en qué creen. Tanto para los individuos como para las comunidades, las culturas, los barrios y los países en los que vivimos, convertir en una costumbre el hecho de hablar con desconocidos puede ser transformador. Cambia las emociones, las ideas, la política y los ámbitos enmarañados en los que se solapan. Esto es importante para nuestra imaginación social y para las leyes y los sistemas que dan forma a nuestro mundo social.

La dependienta del colmado del barrio es una pequeña mujer musulmana que lleva un fino chal que le cubre la cabeza y el cuello. Le gustan las mechas rojas que llevo en el pelo.

—¿Cómo las haces? A mi hija se lo hago con colorante para la comida.
—Se pasa las manos por las cejas, y luego por el cuello hasta los hombros—. El flequillo y, después, las puntas. Mi otra hija lo quiere azul, verde. Les hago cualquier cosa que me pidan.

Me imagino a estos hermosos pavos reales cubiertos por el velo.
—¿Llevan velo?
—No, para nada —responde—. Es su decisión. Les enseño lo que quiero enseñarles, lo que yo creo. Pero tienen su propio cerebro. Tienen que decidir, o no decidir. No las puedo obligar —Se inclina por encima del mostrador, sonríe un poco—. Mi hijo también quiere el pelo verde —Traza una línea en el mostrador, una división—. Le digo que no. Hay límites.

Durante este breve lapso de tiempo, quizá medio minuto, me di cuenta, avergonzada, de que había pensado categóricamente sobre un grupo de personas: las mujeres de mi barrio que llevan pañuelo. Di por descontando que era muy religiosa y que exigiría a sus hijas que creyeran en lo mismo que ella. En aquellos pocos segundos, la mujer se convirtió en un individuo porque hablé con ella, la miré, la escuché y aprendí algo sobre cómo organizaba su mundo.

El mero acto de hablar con desconocidos nos obliga a verlos como personas individuales. No son ni un cuerpo ni una categoría. Y esto es algo increíblemente poderoso. Cuando sentimos que alguien es un individuo, expandimos nuestras ideas sobre quién es como ser humano.

Y, precisamente, este pequeño cambio individual es el indicio de cambios políticos de más envergadura. Frente a los problemas globales de los refugiados y la inmigración, del racismo, del odio y del acoso, el simple hecho de ver a alguien como individuo es un acto político.

●   ●   ●

Ser cosmopolita

Quizá pienses que doy demasiado peso a la importancia política de hablar con desconocidos, y es verdad. También quiero dejar claro que la dimensión política de charlar en la calle es un camino tortuoso, arriesgado y lleno de callejones sin salida.

Para mí, comienza con el cosmopolitismo, un concepto filosófico que se origina en la antigua Grecia y que luego se convierte en un ideal político con la Ilustración. La idea básica consiste en que, en lugar de ser ciudadanos de una nación-Estado, las personas somos ciudadanos de un mundo en el que, en primer lugar, nos identificamos como individuos y, solo después, como miembros de un Estado, nación, grupo étnico o grupo de afinidad (o a varios de ellos al mismo tiempo). Es un fundamento moral. Como cosmopolitas, como humanos, cuando nuestras identidades entran en conflicto con nuestra humanidad compartida, es esta, la humanidad compartida, la que se impone.

En los últimos años, los urbanistas, los sociólogos, los politólogos, los antropólogos y los geógrafos culturales han profundizado en la idea del cosmopolitismo cuando debaten sobre cómo las experiencias de mezcla cultural pueden cambiar las relaciones sociales, reducir los prejuicios, promover la solidaridad y fomentar una democracia más fuerte. Las ciudades son como máquinas que fomentan la interacción entre los desconocidos, y hoy en día más del cincuenta por ciento de la

población global vive en ellas. Estos nuevos urbanistas están pensando en qué se puede hacer estructural y socialmente en las ciudades para favorecer la mezcla cultural y generar contactos positivos entre personas que pertenecen a diferentes grupos sociales. Una tesis habitual de sus investigaciones es que, cuando los individuos hablan con desconocidos, la interacción favorece e impulsa la tolerancia, el respeto mutuo y la comprensión. Puede ser transformadora. Y esta es la cuestión importante.

Pero en esta historia, el contexto es engañoso.

Para ser un cosmopolita —para ser tolerante, abierto, curioso y creer que todos formamos parte de este mismo mundo— necesitamos empatía. Tenemos que ser capaces de imaginarnos a nosotros mismos viendo y sintiendo el mundo desde la perspectiva de otra persona. Esto significa que nuestros propios procesos internos son parte del contexto.

La empatía, que es una emoción, se ve afectada por la experiencia corporal. La capacidad para empatizar, tanto de los humanos como de los ratones, se ve afectada por niveles de estrés fisiológico: cuanto menos estrés, más empatía, según los estudios neurológicos. Si nos sentimos conectados con alguien —aunque sea de forma efímera— es más probable que experimentemos indirectamente sus estados emocionales y psicológicos y que sintamos empatía por ellos. Nuestra capacidad para empatizar con personas que no conocemos, tanto de forma abstracta como con desconocidos individuales, no solo se basa en nuestra personalidad y en nuestras creencias. Es situacional y variable, y está profundamente influida por nuestro estado mental, por los sentimientos de conectividad o por la falta de ellos.

La empatía no es algo que se hereda. En este aspecto, podemos tirar por la ventana la idea de la naturaleza humana. La empatía es una habilidad que suele desarrollarse en los primeros estadios de la infancia gracias a los padres y la escuela. Las experiencias formativas la pueden alentar o amedrentar. Y los prejuicios la pueden limitar.

Nuestra forma de actuar hacia los demás en la calle —sean parecidos a nosotros o no— también depende del contexto exterior. Queda claramente demostrado en una serie de experimentos sobre la predisposición de las personas a ayudar a desconocidos en el espacio público que aprecio especialmente.

Los escenarios experimentales son los siguientes:

1. A alguien se le cae un bolígrafo: ¿lo recogerá el desconocido? ¿Le advertirá de que se ha caído?

2. Una persona tiene la pierna escayolada: ¿le ayudará algún desconocido cuando intente recoger algo del suelo?

3. Cambio de un euro: ¿un desconocido le dará cambio? ¿Comprobará al menos si tiene cambio?

4. La carta que no se ha metido en el buzón: ¿recogerá un desconocido una carta con sello y la meterá en el buzón?

La predisposición de ayudar a los demás —y, por extensión, la capacidad de empatizar— varía según dónde nos encontremos, quién nos lo pregunte y bajo qué condiciones. Algunos aspectos importantes, según los investigadores, son la cultura local, la situación específica, las características demográficas y si la persona en cuestión tiene prisa o no. En las ciudades estadounidenses, los factores que influyen en la conducta empática incluyen el nivel de desigualdad de ingresos de la zona (cuanta menos desigualdad, más probabilidad de que las personas se ayuden entre ellas), los niveles de criminalidad (sorprendentemente, cuanta más criminalidad, más ayuda), la densidad de la población y la velocidad media que tienen las personas al caminar. Las circunstancias políticas específicas y las conductas callejeras más habituales también afectan profundamente la reacción de las personas ante alguien que necesita ayuda. Cuando se llevaron a cabo estos experimentos en Kiev a principios de la década del 2000, la abundancia de carteristas provocó que los viandantes fueran reacios a dar cambio con monedas. En Tel Aviv, el hecho de que paquetes abandonados en algún caso habían resultado ser bombas hizo que sus ciudadanos prefirieran no tocarlos, mientras que en Albania, dado que el servicio de correos era ineficiente, tomar una carta y meterla en el buzón era una acción sin peligro alguno.

El hecho de que seamos muy volubles como individuos, y que nuestra empatía y nuestro altruismo sean tan situacionales, demuestra que no es fácil comportarnos como cosmopolitas, aunque lo intentemos con todas nuestras fuerzas.

Comprender qué significa ponerse en la piel de alguien, ver el mundo como lo hace otra persona, no es solo una cuestión acuciante entre individuos. La perspectiva es un concepto amplio. Tener perspectiva también significa comprender y reconocer los sistemas que dan forma a nuestras perspectivas y las limitan. A nivel individual es posible que seamos vecinos tolerantes y empáticos, y que hablemos abiertamente y sin prejuicios con cualquier persona, de cualquier raza, con la que nos crucemos en la calle. Pero en un país como Estados Unidos, donde el racismo forma parte de los sistemas de gobierno y los privilegios que rigen nuestras vidas, hay que ser precavidos. El geógrafo cultural Kurt Iveson traza un límite significativo en el cosmopolitismo como ideal. Señala que en nuestra realidad diaria, la capacidad de ser abierto no está distribuida de forma equitativa. Afirmar que todos los ciudadanos son tolerantes y receptivos tiene un sentido significativamente diferente para grupos desfavorecidos y para los grupos privilegiados que pueden decidir cuándo y dónde ser abiertos o cuándo y dónde implicarse en un intercambio cosmopolita. Iveson nos recuerda que, en algunos casos, «la construcción de fronteras frágiles que limitan las interacciones con los otros es lo que protege a los débiles de la aniquilación: algunas fronteras y exclusiones pueden muy bien estar políticamente justificadas». De modo que, si formamos parte de la clase privilegiada, debemos nuestra conducta cosmopolita a nuestro entorno social. Tampoco deberíamos esperar que aquellos que no disfrutan de nuestros privilegios se comporten automáticamente como nosotros. Un aspecto de ser un buen cosmopolita consiste en vivir con el hecho de que, si formamos parte de la cultura dominante, nos hemos beneficiado de ella, queriéndolo o no.

No podemos decir: «Si hablamos con desconocidos, todos los problemas sociales urbanos y la discriminación social desaparecerán». Es infinitamente más complejo que esto y comporta mucho más que limitarse a cambiar la forma en que nos relacionamos con los demás. Pero cuando hablamos con un desconocido, cuando admiramos y respetamos lo que le diferencia de nosotros, cuando le ayudamos, hacemos que el mundo que nos rodea sea más dúctil y creamos oportunidades para el cambio. Lo hermoso es que estos momentos de posibilidad se generan gracias a pequeños intercambios sociales. El acto de hablar con desconocidos, por sí mismo, no resuelve nada a nivel político o cultural. Está muy lejos de ser una solución. Pero es un principio.

*   *   *

Contactos y prejuicios

Imaginémonos que nos metemos en una instalación que simule lo que es hablar con una persona que se encuentra en el mismo lugar que nosotros y entablamos una conversación con una pantalla de cuerpo entero con alguien de Herāt (Afganistán), Teherán (Irán), La Habana (Cuba), Nueva York o Washington DC (Estados Unidos). Esta es exactamente la experiencia que tuvieron los usuarios de Portals Project, gracias a un colectivo de artistas y tecnólogos llamado Shared_Studios. En estos portales, los usuarios hablan con personas con las que pueden tener poco en común y cuyos gobiernos, en ocasiones, están enfrentados. Hablan con gente de quien seguramente tienen ideas preconcebidas y, posiblemente también, algunos prejuicios. La mayoría de usuarios, después de vivir experiencias positivas y conmovedoras, reclaman a menudo que haya uno de estos portales en todos los países. En el momento en que escribo estas líneas, tres mil personas los han probado. Shared_Studios tiene planificados más de una docena de portales: solicitan peticiones y publican los proyectos tecnológicos y de construcción para que cualquiera pueda fabricarse el suyo. Los objetivos son a la vez ambiciosos y sólidos. La extensión artística de la capacidad de las personas para interactuar con desconocidos por todo el mundo amplía las maneras que tenemos de crecer como cosmopolitas.

Los portales son también máquinas que, aunque no sea su intención principal, fomentan el cambio social. Las experiencias positivas e individuales con personas de otros grupos reducen significativamente los prejuicios en las opiniones y en la conducta. Los psicólogos sociales lo denominan «hipótesis de contacto». Las experiencias positivas con una persona disminuyen los prejuicios respecto al grupo en su totalidad al que pertenece gracias a una habilidad psicológica conocida como generalización de un miembro al grupo en su totalidad. Más de cincuenta años de experimentos, en gran medida sobre la tolerancia y el antagonismo interracial entre ciudadanos blancos y negros de Estados Unidos, han demostrado este hecho una y otra vez. Es una idea que ha influido la actuación de los gobiernos, de los grupos de comunidades locales y de otras instituciones que promueven el cambio social. Siguiendo esta lógica, si pudiéramos mezclar a las personas, todo nos iría mejor.

Según la hipótesis de contacto, estas experiencias positivas no tienen por qué ser perfectas. Funciona igual aunque la interacción con alguien exterior a nuestro grupo nos haga sentir ligeramente incómodos. Mientras sea generalmente amigable, lo bastante prolongada y tenga algunas otras cualidades que han determinado los investigadores, lo más probable es que el sujeto se sienta más cómodo y obtenga de ella una experiencia positiva en conjunto. Si no cumple con las condiciones para ser positiva (entre ellas, el tiempo que se le dedica), o si es abiertamente hostil, nadie espera que se reduzcan los prejuicios solo por estar en contacto con alguien diferente. Pero los estudios de la hipótesis de contacto no estaban diseñados para determinar si había un *aumento* de los prejuicios después de vivir una experiencia negativa.

Esta carencia explica en gran medida por qué las experiencias reales sobrepasan los límites que marcan las pruebas experimentales. Las experiencias reales ponen en contradicción flagrante la hipótesis de contacto. En Estados Unidos, después de la abolición de la segregación en las escuelas, las comunidades y los lugares de trabajo durante los últimos cincuenta años, después de al menos un aumento moderado del contacto interracial, deberíamos esperar un descenso marcado de los prejuicios raciales, ¿verdad?

Sin embargo, tanto las experiencias que vivimos como los hallazgos de las investigaciones sociológicas y antropológicas nos demuestran que esto no es así. Las zonas más diversas a menudo tienen los niveles *más altos* de tensión, prejuicios y conflictos interraciales. El rompecabezas parece insoluble.

A nadie le gusta un acertijo sin solución. En los últimos años, los investigadores han retomado los cientos de estudios que respaldan la hipótesis de contacto para descubrir qué efecto tienen las experiencias claramente desagradables. También han vuelto a llevar a cabo varios experimentos sobre el contacto de personas blancas y negras en Estados Unidos, y el contacto de negros y blancos con musulmanes blancos, y el contacto con solicitantes de asilo en Australia.

Lo que descubrieron fue una lección sobre la futilidad. El efecto de las experiencias negativas pesa muchísimo más que las positivas al cambiar el grado de prejuicios del grupo al que pertenece la persona en cuestión. Su investigación, afirman, «sugiere que el contacto intergrupal puede estar naturalmente sesgado para empeorar las relaciones intergrupales en lugar de mejorarlas». Aunque las experiencias positivas son mucho más comunes que las negativas, el efecto de una experiencia negativa es mayor que el de muchas experiencias positivas. Estos investigadores afirman que el aumento del sesgo y los prejuicios depende de las experiencias previas del individuo con miembros de ese grupo. Pero siguen manteniendo la esperanza de que el contacto positivo pueda lograr cambios de calado.

Por tanto, he aquí el dilema: el contacto y la exposición a personas diferentes a nosotros puede generar *intolerancia* en lugar de la feliz tolerancia que tantos psicólogos sociales, urbanistas, políticos, activistas e individuos esperan y se esfuerzan por conseguir. Las malas

experiencias con personas de otros grupos tienen un efecto despropor-
cionadamente mayor para formar prejuicios en nuestras ideas y conductas. Estas es una de las razones por las que la mayor integración y
coexistencia racial y étnica del último medio siglo no ha tenido mucha
influencia en los prejuicios intergrupales en conjunto, y especialmente
entre los blancos como grupo generalizado.

La mayoría de las experiencias son positivas, pero las negativas se
llevan la palma. La lección que debemos aprender de esto es que, si
queremos lograr cambios sociales, es necesario que creemos un número abrumador de experiencias positivas entre personas diferentes y
que, como cultura, pongamos en aprietos a aquellos que de forma pública e insistente crean experiencias negativas.

No debería sorprendernos en este punto saber que esta cuestión
es más compleja que una simple diferencia entre positivo y negativo.
En la experiencia real, que es más amplia que las delimitadas situaciones que se crean en los experimentos de laboratorio, las cosas son
diferentes. A veces, una misma interacción puede tener consecuencias tanto esperanzadoras como desalentadoras. Las personas experi-
mentan estas oposiciones simultáneas como una corriente alterna que
electrifica sus días. El libro del sociólogo Elijah Anderson *Streetwise:
Race, Class and Change in an Urban Community*, sobre un barrio de
Filadelfia dividido entre habitantes blancos y negros, describe
cómo los residentes se relacionan con la frontera y cómo la fran-
quean. La coexistencia tolerante requiere una labor delicada y a
veces tiene buenos resultados. Gran parte de ella depende de la capacidad de las personas para comprenderse a pesar de las diferencias. Uno de los hombres que entrevistó Anderson relata la
siguiente historia.

Cuenta que una noche, tarde, él y un grupo de hombres negros caminaban por la calle y se toparon con una mujer blanca. Ella comenzó a acelerar el paso y se metió en el porche de una casa como si fuera la suya. Para este joven, era evidente que la mujer les tenía miedo y que no vivía allí.

«Señorita, no es necesario que haga esto. Tal vez piense que somos una manada de lobos. Yo tengo veintiocho años, él veintiséis, y este otro veintinueve. No tiene por qué huir de nosotros.»

Ella aseguró que tenía prisa. Él respondió:

«No, no es verdad. Usted pensaba que le íbamos a robar la cartera.» Sacamos nuestro dinero. «¿Ve? Nosotros trabajamos —dije—. Ya somos mayores. Debería usted preocuparse de los chavales de quince, dieciséis o diecisiete. De ellos sí que debería preocuparse. Pero nosotros ya somos mayores. Los chavales son demasiado jóvenes para tener un empleo. De ellos debería preocuparse, no de nosotros.»

Esta interacción que relata a Anderson parece acabar con una sonrisa, una carcajada y una lección. Después, todos siguen su camino. Pero también da cuenta de los límites del contacto. Anderson traza la línea. Escribe que encuentros como este pueden cambiar la mentalidad o la conducta desconfiada, pero que no representan mucho en comparación con los prejuicios y estereotipos generales entre blancos y negros. Porque es una lección que no solo aprende la mujer blanca, dado que su error es no haber interpretado bien la situación y ha tenido un miedo innecesario, sino que también es una lección para los jóvenes negros, un recordatorio vívido de que se los considera sistemáticamente como desconocidos peligrosos únicamente porque son negros.

Esta situación, este malentendido particular, ocurre cada día un millón de veces por todo el mundo. Es una cuestión desagradable, dolorosa. Lo que yo retengo de la historia de este joven es su reacción. Cómo logró calmarse y convertir una interacción tensa e insultante en una incómoda, pero sincera, interacción.

No tengo la visión halagüeña de que todos habríamos salido de esta situación más felices y cómodos, o que nos habría cambiado de forma fundamental. Lo que veo es que el joven puso en duda los miedos tácitos e invisibles de la mujer, a los que dio nombre y desmontó sus suposiciones.

Analicemos este momento a partir del libro desgarrador, preciso e implacable de Claudia Rankine *Citizen: An American Lyric*. En este caso, el «tú» es una mujer negra.

> Después de hacer cola en el para pagar en el supermercado, te llega por fin el turno, pero de repente un hombre se cuela y pone sus cosas junto a la caja. El cajero dice: «Caballero, ella era la siguiente.» Cuando el hombre se vuelve hacia ti, está realmente sorprendido.
>
> —Oh, por Dios, no la había visto.
>
> —Debe de tener mucha prisa.
>
> —No, no, no, de verdad que no la había visto.

Cuando pensamos en hablar con desconocidos y cambiar el mundo, una de las complejidades es el sistema en el que nos encontramos y cómo puede cegarnos. ¿Qué puede salir mal cuando saludamos a alguien a quien no conocemos y con quien seguramente no volveremos a cruzarnos? Si queremos que la hipótesis de contacto funcione, si queremos crear uno de aquellos breves momentos de posibilidad, siempre tendremos que arrojar luz sobre aquello que puede hacerlo fracasar.

Podemos ver y podemos ver *de verdad*.

4   Los mecanismos de la interacción

Cuando se encuentran dos desconocidos, en cualquier cultura, en cualquier lugar, en cualquier grupo social, siempre flotan en el aire las mismas preguntas: ¿cuál es la conducta pública apropiada en este lugar? ¿Cómo evitamos interacciones, como las empezamos, cómo nos comportamos y cómo las acabamos? ¿Cómo gestionamos las distancias físicas y sociales? ¿Cómo elegimos con quién interaccionar y con quién no? ¿Cómo comunicamos nuestras intenciones y conocemos las de los demás?

Estos son los mecanismos de las interacciones con desconocidos: los problemas físicos que precisan solución. Cómo leer el diagrama esquemático. Cómo lograr que los motores, las palancas y los engranajes funcionen correctamente. Cómo gestionar la fricción, cómo engrasarla. Las soluciones serán diferentes dependiendo del país, la cultura o el grupo de afinidad en el que nos encontremos, pero los *problemas* de los mecanismos serán los mismos. Las conductas que describo en este capítulo quizá sean familiares para ti o no tengan nada que ver con tus experiencias. La cuestión es aprender de aquello que no hace falta decir: ¿cuáles son los mecanismos de la interacción en el lugar donde vives, juegas, trabajas y paseas?

En todas las comunidades, estos mecanismos son tácitos, no están escritos ni explicitados. Estos acuerdos son visibles cuando observamos el comportamiento público y buscamos patrones en lo que *hace* la gente, en lugar de confiar en lo que *dice* sobre lo que hace. Y, muy a menudo, cuando se rompen las reglas —y se rompen constantemente, aunque sea de forma mínima—, las vemos escritas en negro sobre blanco.

Cuando queramos percibir lo que no se dice, lo primero que deberemos comprender es el grado básico de sociabilidad que las personas esperan en el espacio público. Este punto de referencia será diferente dependiendo del espacio en el que estemos, el motivo, el momento del día y la cultura, la subcultura o la microcultura. Es un contrato social como cualquier otro: no pensamos en él cuando se mantiene, pero cuando se rompe reaccionamos, ya sea molestándonos o indignándonos. Es lo que ocurre en una cultura o en una situación, y también puede ocurrir cuando las comunidades se solapan y sus diferentes e implícitos contratos se sobreponen en un mismo lugar. El roce en el sistema de interacción, si hay roce, expone los puntos de diferencia, las normas implícitas de cada comunidad.

A finales de la década de 1950, el reconocido sociólogo Erving Goffman empezó a observar y documentar estas reglas explícitamente. Su libro *Relaciones en público* y otros ensayos de su extensa obra son análisis meticulosos de las conductas verbales y no verbales y de las pistas que rigen las interacciones entre grupos particulares: la población blanca estadounidense, la clase media angloamericana de ese periodo de tiempo particular. Goffman no esconde los límites de sus estudios y constantemente recuerda a los lectores las restricciones y la particularidad de sus observaciones. Con frecuencia se refiere a historias y estudios de normas y patrones de conducta pública que llegan a conclusiones diferentes a las suyas de lugares como India, Latinoamérica, Irlanda, Kuwait y Francia. Aunque sus observaciones son muy específicas de un lugar, una época y un grupo demográfico, su investigación confecciona una estructura para comprender qué ocurre cuando se encuentran dos desconocidos.

Recuerda que, en la experiencia real, se trata de un proceso fluido al que no le damos mucha importancia. Ahora vamos a verlo de cerca y delimitarlo para comprender cómo funciona.

$$\bullet \quad \bullet \quad \bullet$$

Inatención civil

En las ciudades y pueblos estadounidenses que analizó Goffman —y en muchas de otras culturas que menciona gracias a las investigaciones y anécdotas de otros—, el contrato de referencia es lo que desde entonces él y los sociólogos llaman «inatención civil». Consiste en una estrategia para conservar la distancia social y física que deseamos, puesto que una buena gestión de la distancia social es parte de lo que nos permite vivir a gusto en las ciudades densamente pobladas. Consideremos la relación que tenemos con los vecinos: ¿qué nivel de distancia física tenemos con ellos y qué nivel de distancia social deseamos? Pensemos en cómo escogemos asiento en un teatro o en el transporte público. Necesitamos un poco de espacio imaginario en nuestros reducidos espacios sociales y físicos. Jane Jacobs, una de las primeras intérpretes de la vida urbana, lo describió a la perfección: «Un cierto grado de contacto es útil y agradable; pero no quieres vivir con ellos. Y ellos, tampoco contigo».

La inatención civil es algo que esperamos y que recibimos, sin pensar mucho en ello. Es el aceite que mantiene los engranajes en funcionamiento. Todo encaja mejor. Sin fricción, sin preocupaciones, sin perder tiempo.

He aquí lo que Goffman observó al contemplar sin que lo supieran cómo los viandantes gestionaban la inatención civil. Cuando dos desconocidos se dirigen el uno hacia el otro en el espacio público, se miran de lejos, luego evitan hacerlo cuando están cerca y pasan uno al lado del otro. Esta breve maniobra logra dos objetivos: el patrón de conducta visual demuestra un reconocimiento de la presencia del otro en el espacio público. Al apartar la mirada poco después expresan que no tienen intención de establecer contacto, que no son una amenaza y que esperan que el otro tampoco lo sea. No hay vigilancia ni intromisión. La mutua inatención es decididamente civil.

De esta manera, en las comunidades en que la inatención civil es la norma, observaremos convenciones vocales y físicas que evitan un contacto demasiado cercano. Sean cuales sean estas señales exactas, a menudo incluyen un destello de reconocimiento amigable de la existencia del otro sin ningún tipo de implicación social, sin tener la sensación de que nos están observando directamente. Reconocemos que, por un breve lapso de tiempo, compartimos el espacio y mantenemos la distancia, de forma que exoneramos al otro de la necesidad de interactuar. Declaramos con nuestro cuerpo que somos inofensivos y que no vamos a inmiscuirnos en la vida del otro. No vendemos nada, no pedimos nada, no queremos flirtear ni acosar a nadie, no somos una amenaza.

En otras culturas, por el contrario, las personas toman medidas extraordinarias para no interactuar lo más mínimo. Un amigo me contó que en Dinamarca a menudo la interacción con desconocidos se evita casi a cualquier coste. Los viajeros sentados en un asiento interior de un autobús o un tren pueden llegar al punto de pasarse de parada por no pedirle al viajero que se sienta al lado que se aparte. Existe una elaborada actuación física —al mover el bolso o el cuerpo— para advertir que necesitamos espacio para pasar, todo con el objetivo de no decir la palabra: *Disculpe.*

Me han dicho que en Toronto —aunque no en otros lugares de Canadá— la situación es parecida. Incluso se evita el contacto visual. Una persona me explicó que «en Toronto los desconocidos solo hablan (o susurran) cuando es completamente necesario, y con el entendimiento tácito de que es desagradable para todos. "Disculpe" es el último recurso en el tren». Otro nativo de Toronto me dijo que «la idiosincrasia de algunos barrios de moda puede acentuar las diferencias. Aquí, en Cabbagetown, donde viven tantos friquis excelentes, a veces me molesta un poco que el ir de compras comporte tener que hablar con los dependientes que están tras el mostrador. Supongo que eso me hace un "buen", es decir, un típico habitante de Toronto».

Una mujer británica que vive desde hace muchos años en Estados Unidos afirma: «Cuando hablo con británicos me he dado cuenta de algo interesante: mientras que yo me vuelvo más estadounidense (o lo que yo creo que es ser estadounidense) y, por lo tanto, estoy más predispuesta a hablar con un perfecto desconocido, he observado que, de hecho, muchos británicos reaccionan muy bien cuando lo hago, al menos mejor que los estadounidenses, quizá porque es inesperado. Pero es que en Inglaterra existe la convención de que cuando dices algo a alguien se sobreentiende que no estás comenzando una conversación, así que no se genera ninguna ansiedad».

Algunos egipcios me han contado que es muy común que en su país las personas sean curiosas y estén abiertas a los desconocidos. Les gusta entablar conversaciones y aprender de ellos. Una amiga egipcia me dijo, de hecho, que los desconocidos son más interesantes porque son una novedad y traen con ellos historias nuevas.

Los espacios públicos que compartimos no siempre resultan tan benignos como los que retrata Goffman, y la inatención civil puede comportar movimientos más elaborados que una simple mirada. El libro de Elijah Anderson de 1990, *Streetwise*, sobre un barrio urbano dividido entre blancos y negros, detalla minuciosamente cómo se desarrollan los hábitos de reconocimiento e inatención en zonas donde las amenazas potenciales son altas. En el territorio que analizó Anderson estas amenazas potenciales surgían tanto entre hombres negros como entre personas de razas diferentes. Por ejemplo, más allá de las señales que se hacen con la mirada, Anderson observó un patrón de conducta compleja que consistía en cambiar de acera para evitar cruzarse con alguien a ciertas horas del día y en ciertos lugares, tanto para demostrar que uno no es dañino como para evitar cualquier daño, para minimizar la tensión y despejar cualquier miedo.

Posiblemente la inatención sea el elemento básico, pero existen todo tipo de interrupciones rutinarias razonables y tolerables, y a veces incluso son agradables. Goffman catalogó algunas de ellas. ¿Cuándo nos sentimos obligados a interrumpir el camino de un desconocido? Lo podemos parar cuando se le cae algo, o disculparnos porque nos hemos cruzado en su camino. Hay peticiones que difícilmente se pueden rehusar con amabilidad, como cuando nos piden la hora, o cómo ir a algún lugar, aunque estaremos seguros de que nadie nos pide ayuda si evita todo contacto visual cuando nos cruzamos. En general, somos conscientes de cuándo estamos saltándonos ligeramente las normas por alguna buena razón y esperamos que una interrupción bienintencionada será recibida como tal. Verdadera y útil o, al menos, inofensiva.

¿Qué sucede cuando no estamos en movimiento y no se puede poner un punto y final de forma natural, es decir, retomando nuestro camino?

En muchos lugares de Estados Unidos garantizamos la inatención cuando nos sentamos en una cafetería, o en el banco de un parque, o en las zonas de picnic, en la playa, en los partidos de béisbol, en conciertos al aire libre o en salas musicales: lugares donde es más difícil defraudar las expectativas. Algunas personas quieren mantener la privacidad en estos espacios cuando deben compartir una actividad. La ilusión de privacidad significa que se sienten cómodas y se ocupan de lo que les interesa. Pueden decidir no reconocer la presencia de los otros, quizá porque es más difícil mantener los límites si establecemos un contacto visual o empezamos una conversación. Por el contrario, una mujer que entrevisté me dijo que en el oeste de Austria o en Suiza, cuando alguien entra en un café o en cualquier espacio público con una entrada definida, todos dicen hola, y cuando se va, todos dicen adiós. Entre la entrada y la salida, la expectativa común es que nadie va a hablar con nadie. Me gusta esta sensación cálida y de bienvenida, pero cuando me lo contó solo pude pensar lo molesto que sería tener que estar atenta todo el rato.

La inatención civil en estas situaciones, en el parque y en la cafetería, en el teatro y en el concierto, también contribuye a una negación de la experiencia compartida. A veces es una pérdida terrible. Las experiencias colectivas son trascendentes y abrumadoras, y todas las culturas las han promovido durante la historia en la forma de teatro, rituales religiosos o partidos de baloncesto. No quiero decir que debamos romper las expectativas o conmovernos profundamente cada vez que vayamos a un concierto o a un picnic en un parque lleno de gente, pero deberíamos considerar abrirnos a ello.

Ahora bien, ¿qué sucede cuando dos personas caminan por la misma acera o diferentes grupos comparten un mismo espacio *sin* tener el mismo contrato básico sobre el comportamiento público y social? El comportamiento en una sala de cine, en la que el público es temporalmente una comunidad, es una muestra clara de lo variadas y conflictivas que pueden ser las expectativas básicas. La expectativa ampliamente publicitada en una sala de cine es el silencio y prestar atención. Las secuencias previas a la película marcan específicamente las normas: silenciar los móviles o apagarlos y no alzar la voz. El grado en el que se cumple este contrato varía según en qué vecindad cultural se encuentre la sala, el tipo de película, la edad media del público e incluso la hora en que se proyecta la película (a altas horas de la noche las expectativas son más bajas). En las escenas sorprendentes o hilarantes, incluso los espectadores que quieran seguir al pie de la letra las normas romperán el contrato de silencio con carcajadas o gritos, y compartirán sus emociones exacerbadas en un momento ritual que rompe el contrato y acaba con prontitud. Pero este contrato está dejando de ser universal. Cada vez es más habitual mirar una película en una comunidad temporal que tiene una experiencia colectiva y que no espera que todos se queden en silencio o que presten atención a pesar de las expectativas declaradas de la sala. En algunas comunidades temporales, soltar comentarios durante la proyección es parte de la diversión. El público negro y el público joven de cualquier raza tienen expectativas muy diferentes de las del público blanco adulto, en general. Las clases sociales también afectan a las expectativas, sin importar la raza. En las salas de cine, todo esto también se debe al contexto histórico. La expectativa de silencio y de la inatención civil comenzó cuando aparecieron las cadenas nacionales de salas de cines y —al contrario que las salas locales, llenas de algarabía— apostaron por la ventaja competitiva que comportaba un toque de glamur y las expectativas de alta cultura del cine, que fueron reforzadas tanto por los contratos implícitos como por los acomodadores.

Los conflictos verbales e incluso físicos pueden surgir y, de hecho, surgen cuando personas con expectativas diferentes sobre el comportamiento público comparten un espacio y violan el contrato social básico de un lugar o cultura determinada, ya sea adrede o no. Es posible que a las personas negras que se encuentren en cualquier espacio público que no sea eminentemente negro se las mire mal, se les recrimine su actitud y se las trate como amenazas sin importar ni cómo vistan ni cómo se comporten. También se mirarán mal y se increpará a los hombres blancos que pasen por una zona de viviendas sociales con población negra. Es posible que unos adolescentes alborotadores en un barrio familiar, o en uno residencial, reciban una visita de la policía que, dependiendo de la situación racial, puede ser extremadamente peligrosa para ellos. Cualquiera de estas situaciones puede desembocar en una pelea. Saber que las normas locales pueden ser diferentes a las nuestras, averiguar cuáles son y conocer sus límites es importante. Anderson diferencia entre etiqueta callejera y sabiduría callejera. La primera es una serie de normas categóricas que se pueden conocer y aprender, mientras que la segunda se adquiere gracias a la experiencia y permite que una persona interprete una situación poco familiar o a un desconocido teniendo en cuenta que está tratando con individuos.

• • •

La mirada

En la calle, en el espacio público, el objetivo casi siempre es evitar molestar a nadie, o asustarlo, o causarle cualquier disgusto. ¿Cómo podemos saber si alguien está abierto a un contacto verbal o no? ¿Cómo mostramos que a nosotros no nos interesa? El arte de hablar con desconocidos exige que seamos hábiles intérpretes de los demás y diestros transmisores de mensajes claros.

Volvamos de nuevo a los ojos: es donde todo comienza. La mirada es la base de la interacción humana. El contacto visual puede ser una declaración manifiesta de apertura e inclusión, o una muestra de rechazo. Moverse por el mundo de los desconocidos requiere saber qué significan las miradas.

En el estudio de Goffman, las personas que están abiertas a interactuar vuelven a mirar brevemente a la persona potencial con la que quieren entrar en contacto a medida que se acercan a ella, y mantienen la mirada un momento. Esta mirada ligeramente más prolongada es una pregunta y una respuesta. *¿Eres simpático? Yo lo soy. No* consiste en una mirada fija, que puede ser amenazadora o invasiva y suscitar sentimientos negativos. Una mirada abierta es una apertura y, como todas las aperturas, se puede rechazar. La brevedad de la mirada nos permite salvar las apariencias si, finalmente, decidimos rechazarla. Este rechazo se puede mostrar con una ausencia de reconocimiento, apartando claramente la mirada o mirando fríamente. La aceptación es una apertura que se corresponde con una inclinación de la cabeza, una sonrisa o una palabra fugaz.

De nuevo, hay que recordar lo siguiente: el significado de las miradas es muy diferente según en qué cultura nos encontremos. El contacto visual directo es más común en Estados Unidos, por ejemplo, que en Japón, y en algunas culturas y situaciones puede ser un desafío o una afirmación de poder. De modo que la descripción de Goffman no se puede aplicar universalmente. Las miradas siempre significan algo, pero estar abierto a una interacción es solo una de las cosas que pueden significar.

Nuestras decisiones —ya sean instintivas o conscientes— sobre si vamos o no a ofrecer una mirada de apertura comienzan con la información que recibimos de los sentidos y del cuerpo. Nos fijamos en cómo visten los demás. Suponemos la edad que tienen; nos damos cuenta del género aparente al que pertenecen, del color de su piel. Notamos la inclinación de los hombros, la expresión de su rostro, la velocidad de su paso, lo que hacen con las manos. Evaluamos su conducta y si es apropiada o no para el lugar y el momento del día. Escuchamos su tono de voz y hacemos suposiciones sobre el estado emocional y los datos personales a partir de lo que oímos: nerviosismo, confianza, la risa ronca de un fumador, un acento extranjero, o uno familiar. Si estamos lo bastante cerca físicamente, olemos el perfume o el champú, olemos el sudor del trabajo o el del miedo. Interpretamos todas estas cosas. Decidimos con quién queremos contactar y qué aperturas vamos a aceptar interpretando toda esta información. Es el *contexto*. Y lo usamos para contactar con alguien, para aceptar el contacto, para saber a quién le vamos a confiar nuestra seguridad corporal, nuestra distancia social y nuestro tiempo.

La mirada no siempre es una sonda inocente para incitar a una interacción amistosa, y las violaciones intencionadas del civismo pueden provocar el acoso o la amenaza. Las miradas fijas sirven para trazar límites y dejar claro que son límites que se van a salvaguardar. En Estados Unidos, esto les ocurre frecuentemente a personas negras que pasan por zonas predominantemente blancas, sin importar cómo se vistan o actúen. Las miradas prolongadas de los hombres hacia las mujeres representan el principio más inofensivo del acoso, que puede acentuarse con comentarios sexuales, invitaciones e incluso amenazas claras y directas. Muchas mujeres sufren acoso en la calle cada día, y otras, cada semana o cada mes. En las encuestas, pocas mujeres responden que nunca han padecido acoso. Una de las trampas que los hombres tienden a las mujeres que quieren acosar es la expectativa social de que responderán a sus preguntas y peticiones (que aceptan o rechazan, pero que como mínimo reconocen) y que agradecerán sus cumplidos. Frente al acoso, todas las opciones de las mujeres son «maleducadas». Pueden ignorar o enfrentarse a los acosadores al desatender las expectativas sociales del intercambio. Se supone que, como mujeres, deben sonreír cuando alguien les presta atención y se espera que se lo tomen como un cumplido. Pero el acoso callejero lo define la víctima. Si ella lo siente como tal, entonces lo es. Declaraciones neutrales como «Que tengas un buen día» también pueden sentirse como acoso si aquel día particular ya ha recibido más comentarios amenazadores.

Se apoyan en las vallas como si fueran suyas. Me miran de manera lasciva y silban cuando paso por delante, escrutan mi cuerpo y me sueltan «Que Dios te bendiga, nena», como si la referencia a la religión les quitara toda culpa, cuando en realidad es una insinuación más.

Si una mujer reacciona como si la estuvieran acosando —al ignorar a los acosadores, al emplear un lenguaje corporal protector o al responder con una insolencia—, es que la están acosando. Si una mujer se siente incómoda o amenazada, dependerá hasta cierto punto de la situación, pero el hecho sigue siendo el mismo: las violaciones de la inatención civil que no son respetuosas no están bien y nunca conllevarán los sentimientos de pertenencia y conectividad de los que hablo. Más bien al contrario. Este tipo de violaciones nos hace sentir amenazados, alienados, deshumanizados, inseguros, y sentimos que el espacio público no es un lugar a salvo.

En la formulación sucinta de Goffman, una mirada inicial es breve para que, en el caso de ser rechazada, no se hieran los sentimientos de nadie. Pero no siempre es tan simple. Los investigadores que estudian la mirada social han descubierto que una mirada no respondida, tanto entre desconocidos como entre amigos, genera sentimientos significativos de ostracismo y devaluación. Existe una forma más profunda de no implicación cuando la respuesta a una mirada no consiste solo en un rechazo. Se puede mirar a una persona «como si no existiera», con una mirada que la traspasa y que le niega activamente el contacto visual. Los experimentos han demostrado que esta reacción denota un ostracismo acentuado, totalmente opuesto a una mirada correspondida o a una sonrisa (que denotan reconocimiento e inclusión). El fragmento de Rankine del tercer capítulo es un ejemplo desgarrador. El ostracismo nos hace sentir mal, suscita dudas sobre nosotros: ¿por qué yo? La personalidad, la apariencia, la ropa, la clase, el género, la raza, la capacidad... No sabemos a qué se debe, pero nos sentimos inseguros y nos criticamos. E incluso, a veces, genera odio.

Miradas que se corresponden o no, aperturas que se aceptan o que se rechazan, son momentos de verdadero riesgo social y emocional. Es igualmente importante ser conscientes de cómo rechazamos una interacción o de cómo la aceptamos. La *atención* civil es tan básica para el tejido moral y el buen funcionamiento de la sociedad como la inatención civil. ¿Hemos olvidado lo determinantes que son las experiencias negativas para revertir los efectos positivos del contacto con personas diferentes a nosotros? Debemos tenerlo siempre presente cuando nos movemos por el mundo de los desconocidos.

•   •   •

Un acercamiento discreto.

Decir hola

Digamos que, en lugar del habitual desvío de la mirada de la inatención civil, queremos asumir el riesgo, contactar con otro ser humano y decir hola. El significado de un saludo puede ser tan complejo como el de una mirada. Incluso decir hola al pasar puede romper ligeramente el contrato establecido en algunas culturas, así que estaremos asumiendo un pequeño riesgo al hacerlo. O no decir hola tal vez se considere una ofensa. Goffman observó que, aunque saludarse al pasar no era la norma en el grupo dominante que analizó, para las personas que describe como parte de un grupo discriminado a menudo hay un sentimiento de solidaridad que fomenta la expectativa de un saludo mutuo. Anderson señala que en la cultura negra (según su experiencia y estudios) el saludo tiene una importancia especial. En general, aquellos que están en minoría tienden a reconocerse y saludarse: los padres negros en un colegio mayoritariamente de blancos, los padres blancos en un colegio mayoritariamente de negros (aunque, en ambos casos, para los hijos pueda ser más complicado), las mujeres que asisten a una conferencia donde los hombres son mayoría, los padres en un parque donde lo habitual es que haya madres y cuidadoras...

En China, por norma general, no se habla con desconocidos. Según un profesor universitario, la cortesía tradicional se reserva para la red familiar y los allegados. «Los desconocidos, las mujeres, los campesinos [y] los trabajadores inmigrantes» no reciben ni esperan cortesía lingüística alguna. Durante los últimos años, afirma, el gobierno central ha promovido «cinco frases corteses» que son los equivalentes europeos de *hola*, *por favor*, *gracias*, *disculpe* y *adiós*, para «que la cortesía se extienda a saludos universales y recíprocos.»

Los saludos son un reconocimiento fugaz y significativo de que estamos juntos en un mismo espacio: intercambiar un saludo, inesperadamente, nos puede cambiar el humor del día. Saludar es fácil y no nos compromete a nada, incluso podemos saludar a alguien sin ralentizar el paso. Si el movimiento general donde nos encontramos es relajado, o si estamos parados en algún lugar —esperando en el semáforo, o cuando nos cruzamos con alguien que espera, en un espacio transitorio—, existe la posibilidad de que el saludo pueda dar pie a algo hermoso.

Son jóvenes y rebosan de la energía que han acumulado durante el invierno, gritan y saltan y se dan empujones. Uno de ellos lleva capucha y parece un tipo duro. Estoy en la esquina con ellos, esperando a cruzar la calle y evitando meterme en medio de sus movimientos erráticos. El de la capucha se vuelve hacia mí y dice:

—*Hace un buen día, ¿verdad?*

—*Sí, sin duda* —respondo. *Tiene el rostro estrecho y los ojos un poco volátiles. Retrocedo ligeramente. No me inspira ningún peligro, pero su cuerpo necesita algo de espacio extra.*

Señala el peral alto como una casa que está floreciendo al otro lado de la calle.

—*Mira, los árboles vuelven a la vida* —apunta—. *Eso es Dios, nena. Nada de Madre Naturaleza.*

Le da un golpe a su amigo en el hombro y cruzan corriendo la calle entre los coches, mucho antes de que el semáforo se ponga en rojo.

Si queremos hablar con desconocidos, tenemos que saber escoger el momento. No debería hacer falta decir (pero casi siempre hace falta) que es más probable que alguien entable una conversación si no tiene prisa. Mis estudiantes, al crear sus raras y maravillosas instalaciones tecnológicas con el objetivo de generar interacciones públicas, se encontraban constantemente con este problema. Escogían lugares ajetreados para instalar sus proyectos con la esperanza de que los vieran más viandantes. Pero cuando la gente va de un lugar a otro no presta atención a los demás y es muy poco probable que se dé cuenta de una mirada, y será todavía mucho menos probable que la corresponda. En un lugar atestado de personas, la inatención civil es fácil. Inquirí sobre esto a un amigo que afirma hablar con todo el mundo y que prácticamente nunca pierde la oportunidad para hacerlo. «Sí, supongo que hay un límite. No voy a interrumpir a nadie, así que, si parece que está ocupado, o que tiene prisa, o que está enzarzado en una conversación profunda, paso de largo.» Parecer ocupado, caminar rápido, son buenos escudos para evitar una interacción.

Con todas estas complicaciones pequeñas y grandes, ¿cómo tenemos que empezar? Existen algunas estrategias que, al menos normalmente, provocan una reacción mínima que puede o no desembocar en una conversación. Como he apuntado anteriormente, la expectativa general es que una pregunta merecerá una respuesta. Las peticiones se satisfacen o se rechazan. Los cumplidos reciben agradecimientos. Son demandas de tiempo y atención de nivel bajo. Pero recuerda: dado que este tipo de apelaciones «requieren» respuestas para que no parezcamos maleducados, también se puede abusar de ellas: el acoso puede tomar la forma de continuas tentativas para llamar la atención de alguien que ha dejado claro que no está interesado.

Los cumplidos, cuando se hacen de manera respetuosa, son una buena forma de propiciar una interacción con un desconocido. Hacer cumplidos significa que tenemos los ojos abiertos, que estamos presentes. Vemos al otro como un individuo. La mayoría de las personas mejor dotadas para hablar con desconocidos que conozco en Estados Unidos son practicantes del arte del cumplido.

Estábamos esperando que el lento ascensor abriera las puertas, dando un paso adelante, otro atrás. Él llevaba unos zapatos que parecían hechos para no llevarlos nunca. Unos botines sin cordones, de una inmaculada tela color crema, con un surco bien marcado y un borde graciosamente deshilachado. Le dije que eran muy bonitos.

—Gracias —respondió—. ¿Te dedicas a la moda?

—Para nada —contesté—. Me dedico a fijarme.

HOLA
KIO

HOLA, RUSSEL.
CON QUIÉN HAS HABLADO HOY

ANNE ARTHUR KEVIN.
UN TIPO EN EL CINE.
UN TIPO DE UNA TIENDA.
NO SE ME DAN BIEN LOS DESCONOCIDOS.

ES MÁS FÁCIL HABLAR
CON DESCONOCIDOS SI
DICES ALGO BONITO
SOBRE SU ROPA.

Con un intercambio de correos electrónicos multimedia, intento reformar a un amigo tímido.

Otra manera de comenzar una conversación es soltando alguna observación informal sobre el espacio que compartimos con otra persona. Es un método tan básico que a veces incluso influye en el desarrollo urbano. Con la intención de dar vida a parques o plazas sin gracia o para construir nuevos espacios públicos que sean atractivos, los planificadores municipales y los urbanistas quieren que los espacios públicos sean semilleros de interacciones entre desconocidos. Se refieren a ello como a un bien social. Una de sus estrategias más curiosas es crear puntos de triangulación. Es engañosamente simple. Las interacciones entre desconocidos aumentan cuando hay algo de lo que hablar, algo de lo que se pueda hacer una observación, un tercer objeto que pueda cerrar el triángulo entre dos personas que no se conocen. Los buenos espacios públicos ostentan arte público, músicos y artistas callejeros, comida y lugares para sentarse, como bancos o escalones bajos. Para mí, observar a los artistas callejeros consiste tanto en disfrutar de sus actuaciones como de las conversaciones paralelas que crean. Cuando un espacio público dispone de objetos con los que triangular, se convierte en un espacio abierto. Si nos encontramos cerca de algo que pueda suscitar un comentario, es posible que alguien nos hable, o que decidamos hablar a quien tenemos al lado.

Me encanta cuando alguien canta para sí mismo en público, en el banco de un parque o en un portal, mientras camina o trabaja en algo. Les suelo decir: «¡Suena genial!» o les pregunto qué canción es, o comparto con ellos una breve sonrisa cuando nos miramos. Se constituyen ellos mismos como un punto de triangulación y crean un espacio para la interacción, ya sea intencionadamente o no. Es más posible que nos saluden si llevamos ropa extravagante en un contexto rutinario, si tenemos un perro o un bebé, si montamos en una bici poco habitual, si arrastramos una maleta, si nos paramos a mirar algo, si cantamos, o

sonreímos, si comemos o esperamos algo. Los perros y los bebés dan pie a muchos comentarios: «¡Qué monada! ¿Cuántos meses tiene?», o «¿De qué raza es?» También pueden ser «conductos sociales», medios para entablar conversaciones. Al hablar primero al perro o al bebé y no al dueño o cuidador se disminuye el riesgo. Es más fácil para el dueño o cuidador seguir su camino sin ser grosero. Como buenos ciudadanos del espacio público, es importante andar con pies de plomo cuando empleamos esta estrategia. Quienes llevan sombreros que llaman la atención no siempre, de hecho, quieren tener una conversación sobre ellos. Algunas personas prefieren que dejen en paz a sus hijos o perros.

Hoy todo el mundo me habla. El contratista quiere hablar de mis zapatos.

—Me van bien para la espalda —le digo—. Suelo andar desgarbada.

Dejo caer un hombro para enseñárselo, y él lo golpea levemente con un dedo.

—Malas costumbres —Se limita a decir.

Al carnicero le gusta mi bufanda.

—Una compra imprevista —le cuento—. Un día de repente me entró frío y no tuve más remedio que comprarla.

Sonríe.

—Es la única manera de ir de compras.

En la calle, un niño se esconde entre las piernas de su madre y se me queda mirando fijamente.

—Tu pelo es rojo —susurra.

Es verdad. Es el color del camión de bomberos. Está aterrorizado.

También puedes pedir u ofrecer ayuda. Cuando veo a alguien desentrañando el significado de un mapa en la calle siempre le pregunto si necesita ayuda. Sin duda es gratificante hacer una buena acción, pero lo que de verdad me hace feliz es la breve conexión, o cuando empiezan a contarme por qué van a donde van o de dónde vienen y qué tienen planeado para su viaje. Para mí, pedir ayuda es una experiencia sorprendentemente vulnerable, y cuando alguien se detiene para echarme una mano, aunque solo sea para mostrarme una dirección, lo siento como algo muy, muy humano. Una mujer medio alemana medio egipcia, que había vivido en ambos países, me explicó que, en Egipto, una tradición cultural profundamente arraigada de hospitalidad hacia los desconocidos y los viajeros favorece que la dinámica de la ayuda sea fluida y fácil, e incluso que si entablas una conversación con alguien probablemente te invite a su casa. Tengo una amiga que es investigadora y trabaja a menudo en Asia Central y África Oriental. Como mujer que viaja sola sin conocer a nadie, su estrategia de supervivencia es la siguiente: logra que una persona te vea como un ser humano completo y después los demás también lo harán. A veces todo lo que requiere es una sonrisa, pero a menudo lo consigue al pedir ayuda cuando la necesita de verdad.

La ayuda en estos contextos tiene sus propios significados complejos. En Estados Unidos, los dependientes de las tiendas, los camareros y otros empleados de servicios suelen considerar que ser simpático y útil es parte de su trabajo o les reporta un beneficio. Pero su experiencia está influida por la relación que tienen con el cliente y que es inherente a su posición. El dueño de una cafetería en el sur de Estados Unidos, que había regentado desde hacía muchos años, me dijo: «He dedicado mi vida adulta a conocer y saludar a desconocidos. Me parece algo fascinante, pero es tanto una carga como una fuente de rejuvenecimiento. Esta sociedad es tan consumista que me pregunto hasta qué punto soy sincero o manipulador. Hablar con desconocidos es ocultar tus emociones, pero también preocuparte por los demás». Por el contrario, una amiga que emigró de Rusia a Estados Unidos cuando era niña, y que todavía habla el ruso con soltura, me contó que cuando volvió a Rusia como adulta para pasar un año le chocó «la brusquedad y la absoluta falta de cortesía en los comercios. Entraba en una tienda vacía y las empleadas (porque solían ser mujeres, adustas y plomizas) no me decían nada a menos que llamara su atención, que me acababan dando con un desinterés absoluto. Pero los comercios son un espacio de servicio, transacciones y poder, el residuo de la época soviética, cuando los consumidores no tenían poder alguno y los dependientes eran los guardianes de productos muy difíciles de encontrar».

Existe una última manera de comenzar una conversación, y corre el riesgo de ser grosera, pero es mi favorita. Con esta táctica podemos entablar todo tipo de conversaciones. Algunas durarán un instante y otras, horas. Consiste en meterse sin muchos miramientos en los asuntos de alguien. Pensemos en los espectáculos, como obras de teatro o danza. Se considera que existe la «cuarta pared», contando con que los lados y el fondo del escenario son las otras tres. El simulacro es que los actores fingen que están es un espacio cerrado de cuatro paredes, pero el público puede ver a través de la cuarta pared. En ocasiones, el dramaturgo o el coreógrafo hace que uno de los personajes rompa la cuarta pared y se dirija al público, que admita que puede vernos y que nos obligue a considerarnos como parte de la acción. También sucede en las películas cuando un personaje se dirige a la cámara abiertamente. De la misma forma, la inatención civil es una especie de cuarta pared en los espacios públicos. Podemos romperla al hablar con alguien que cree estar protegido por ella, o al interrumpir brevemente a una pareja que conversa a nuestro lado como si no estuviéramos allí, personas que interactúan con la presunción de que respetaremos la inatención civil. Tal vez estemos sentados en una cafetería y un grupo al lado empieza a reírse a carcajadas. Hemos oído lo que han dicho, así que miramos brevemente, reímos un poco, y apartamos la mirada. O el niño de la mesa de más allá está rogando que le den una galleta, y miramos a la madre, que acepta la complicidad y pone los ojos en blanco. Sonreímos. Puede muy bien ser una intromisión, lo cual es un riesgo que nos puede tanto llevar a una buena conversación como a que nos rechacen de plano. Imagina que estás en una cafetería sentado a una mesa al lado de la mía, hablando con un amigo sobre una película que acabáis de ver, quizás habláis de efectos especiales. Y yo me inclino un poco hacia vosotros y digo: «¡Nunca nada me ha dado tanto miedo como esa explosión!» Quizá fruncís el entrecejo. Quizás os reís, pero me dais a entender que la interacción se ha acabado y que debería volver a lo que estaba haciendo. O quizá me invitáis a charlar un rato, tiráis la cuarta pared, olvidáis que estamos separados y actuáis, de hecho, como si estuviéramos juntos.

¿Lo ves ahora? Todo lo interesante que ocurre entre desconocidos empieza cuando damos la vuelta a las normas invisibles de forma positiva.

· · ·

Allí donde está la acción

Algunos lugares se pueden considerar «abiertos» para socializar con desconocidos. Si llegamos a un espacio abierto, las normas de inatención se relajan. No nos sorprendería si un desconocido nos dice hola e intercambiamos algunas palabras en una pista de baloncesto pública, en un bar, en una cafetería, en un parque público o en una plaza, en un centro vacacional o en el vestíbulo de un hotel, en un crucero, en una fiesta concurrida, en un evento público como una manifestación o en un museo. Son lugares en los que, más o menos, decidimos estar con la expectativa de una atmósfera generalmente social (aunque, a veces, a pesar de ella). La delicada danza de la inatención civil no es tan estricta. Quizá nos apetece hacer preguntas sin mucha importancia, y habrá menos restricciones para ello. ¿Este asiento está ocupado? ¿Sabe dónde venden bebidas? ¿Necesitáis a otro jugador? En un espacio en el que hay un número considerable de personas conscientes de que estarán cerca de otras, no hay tanta necesidad de demostrar que no vamos a abusar del tiempo de otro, ni tampoco es necesario mostrar que eres consciente de su presencia por educación. Es imposible decir hola a todo el mundo en un bar, en una fiesta o en un vestíbulo. Bueno, sí que se puede, pero sería más parecido a una *performance* de arte.

En lugares abiertos como una cafetería controlamos cuánto tiempo queremos compartir el espacio. Tal vez acabemos compartiendo la mesa con otras personas (hoy en día, seguramente para leer o trabajar con el ordenador). La negociación, apenas perceptible, comienza cuando pedimos permiso para sentarnos. Continúa cuando intercambiamos unas palabras breves y amistosas —incluso se puede tratar de una sonrisa o un gesto de asentimiento— y luego dejamos claro que vamos a respetar la privacidad pública de la otra persona al ocuparnos de nuestros asuntos. Vamos a compartir el espacio por un rato, y las normas básicas deben ser claras y mutuas. La única infracción legítima es la petición ocasional para que nos vigilen las cosas cuando vamos a al baño o a buscar más comida, aunque también podemos arriesgarnos a intervenir en la conversación que tengan las personas con quienes compartimos la mesa. Como ya he dicho, yo lo hago a menudo y suele ser un intercambio divertido. En cualquier caso, en cualquier situación, si no nos sentimos cómodos con estos límites siempre podemos cambiar de lugar o irnos.

Pero también nos encontramos con otras situaciones de las que no nos podemos ir: ascensores, colas o medios de transporte. Son espacios de transición en los que nos codeamos con otras personas de camino a otro lugar. Es más difícil seguir con la inatención civil, aunque no lograrlo nos puede llevar por caminos muy interesantes.

En un ascensor, la norma es no hablar ni mirar a nadie. No tenemos mucho control sobre cuánto tiempo estaremos en esta situación. Reajustamos nuestras distancias físicas y evitamos el contacto visual, gracias a una danza compleja, para colocarnos en el ascensor al entrar, y luego hacemos lo mismo para salir. Solo cuando quedan únicamente dos o tres personas, alguna de ellas se puede volver hacia otra y decir algo. Cuando esto ocurre de una forma educada, da pie a una transformación inesperada que abre el espacio y que puede convertir la experiencia en un momento de conexión.

También nos encontramos con situaciones de transición que crean una espera colectiva. Salas de espera, colas, la estación de tren o el aeropuerto, o cuando sufrimos un retraso. Estamos en la misma situación de impotencia que los demás y nos distraemos comentando algo o pidiendo información. Sigue habiendo reglas: debemos responder de una manera mínimamente educada. Si nos interesa tener más conversación, podemos propiciar un espacio abierto con el lenguaje corporal. Si no, apartamos la mirada y nos separamos después del intercambio. A veces estas señales no se comprenden, y es palmaria la creciente incomodidad en el rostro de la persona que se ve condenada a esta intromisión. Por descontado, si estamos haciendo una cola nos podemos ir, pero solo lo haremos si la incomodidad es inaguantable. Nos hemos puesto a hacer cola por una razón.

El metro y los trenes son mis espacios de transición preferidos. Nos encontramos en medio del ritmo del movimiento, de la parada, del movimiento de nuevo, los anuncios del conductor, el continuo ajetreo de la gente subiendo y bajando. La mayoría de las personas no hablan, hasta que ocurre algo que abre la posibilidad a relacionarse. Un punto de triangulación, como un niño divertido, un músico que toca una canción por algunas monedas, alguien que se habla a sí mismo, una pandilla de chavales escandalosos o un retraso inesperado e inexplicable entre dos paradas: cualquier de estas cosas puede provocar un intercambio de miradas, o que nos encojamos de hombros, o que suspiremos debido a la frustración. De repente, el lugar se convierte en un espacio de interacción.

El espacio que compartimos durante un trayecto largo en avión o en autobús en el que estamos en contacto con otras personas durante más tiempo, tiene una dinámica diferente y fascinante. La actitud por defecto, para la mayoría de las personas, es mantener la distancia social. En los autobuses solemos desplegar un abanico de estrategias no verbales para que nadie se siente a nuestro lado si no es inevitable, y permitimos únicamente que se siente alguien que, utilizando las palabras de las personas que entrevistaron para un estudio etnográfico, no esté «loco» o no sea una «cotorra» o «maloliente», entre otras categorías indeseables. En un avión no podemos elegir, y lo más probable es que nos apresuremos a mostrar señales claras de desinterés por socializar. ¿Qué hacemos para evitar hablar con quien se siente a nuestro lado? Lo más común que utilizamos como barrera son libros o periódicos, auriculares, evitar el contacto visual, leves sonrisas seguidas de un desvío de la mirada, dormir o fingir que dormimos, o limitarnos a mirar por la ventana. Una vez fingí que no sabía hablar inglés, pero se montó un jaleo cuando las azafatas de vuelo me empezaron a hacer preguntas.

Hay otra cuestión sobre la mesa en los autobuses y aviones. La interacción entre personas que saben que no van a volver a cruzarse es altamente especializada, y estos interludios físicamente cercanos, anónimos y prolongados también pueden generar un espacio de profunda complicidad y confesión que, como hemos visto en el segundo capítulo, pueden llegar a ser rápidamente una experiencia íntima, porque lo más habitual es que las revelaciones sean mutuas. Recordemos que la reciprocidad es un factor esencial en el grado de revelación de una conversación, ya sea entre cónyuges o entre desconocidos. Es sorprendente y va contra toda lógica que, a pesar de que los desconocidos no necesariamente intercambian información descriptiva de forma recíproca, sí que son recíprocos al revelarse sentimientos íntimos. No es de extrañar que sea una cuestión peliaguda plantearse seriamente dejar de leer un libro durante un vuelo para entablar una conversación con la persona de al lado. De hecho, es más probable que lo hagamos en trayectos cortos, especialmente al principio de ellos, cuando es más fácil cortar la conversación al ponernos a leer un libro, mirar una película o ponernos a dormir, o hacia el final del trayecto, cuando el tiempo potencial de la conversación es mínimo. También solemos preservar nuestra privacidad y distancia social al no darnos los nombres, aunque, a veces, después de una conversación agradable, nos presentamos al final para dar cuenta de que la hemos disfrutado, mientras recogemos nuestras cosas para salir del avión.

• • •

Estrategias de salida

La salida puede ser uno de los momentos más incómodos cuando interactuamos con otra persona, especialmente con un desconocido. ¿Cómo damos fin a una interacción? ¿Quién tiene derecho a hacerlo? El objetivo es acabarla cuando nos plazca, pero sin ofender a la otra persona. Seamos conscientes o no, empleamos pistas físicas y conversacionales. Cuando pasan desapercibidas o no reciben atención, la conversación degenera rápidamente.

Las interacciones en un espacio abierto tienen un diámetro. En el estudio de Goffman, la distancia en Estados Unidos nunca era menor a cuarenta y cinco centímetros y nunca mayor a nozventa centímetros. Si estamos demasiado cerca es difícil hablar directamente a la otra persona, saber dónde mirar o qué gestos hacer, y nos puede hacer sentir tan incómodos que queramos distanciarnos. Si estamos demasiado lejos no nos sentiremos físicamente en la conversación. En un grupo numeroso tendremos que inclinarnos para oír a los demás o nos encontraremos en un extremo del grupo, de manera que será más fácil que pensemos en otras cosas y no prestemos atención.

Si queremos salir de una conversación podemos utilizar el cuerpo como señal. Empezando poco a poco, podemos apartarnos de la zona de interacción. Perder el contacto visual es la señal más obvia y deliberada. Una vez emitimos estas señales, esperamos que la otra persona capte el mensaje y que dé por finalizada la interacción o esté preparada cuando lo hagamos nosotros. El envío y la recepción del mensaje, en ocasiones, puede ser tan inmediato que tendremos la sensación de que ha sido mutuo.

Las palabras también funcionan. A menudo, todo lo que necesitamos es una razón o una frase de despedida simpática: «Tengo prisa»;

«Me voy a pedir otra copa»; «¿Sabes dónde está el baño?»; «Debo ir a buscar a un amigo»; «Oye, ha estado muy bien hablar contigo»; o podemos mirar el móvil y aducir que un amigo, la pareja o la canguro nos ha escrito un mensaje, o algo similar. Cualquiera de estas frases puede ser verdad, pero también funcionan como excusas. Pero es bueno, si podemos, ser auténticos y amables.

Para que la salida sea más suave, también deberemos tener en cuenta quién de nosotros está más legitimado para acabar la conversación. En general, quien la haya empezado tendrá prioridad para terminarla. Hasta cierto punto, es una cuestión de educación. Quien empieza la conversación tiene una razón para hacerlo. Puede que haya sido la simple curiosidad o la simpatía, que de hecho solo otorga una prioridad limitada para acabar la conversación, pero si la persona que empezó la conversación tiene una motivación o necesidad específica, en teoría está en sus manos acabarla. La lógica es la misma que la que hemos visto en las conversaciones que tenemos al cruzarnos con alguien: las convenciones suelen requerir que se respondan las preguntas, que se agradezcan los cumplidos, etc. Existe la aceptación tácita de que debemos asegurarnos de que quien comienza la conversación ha obtenido la información que necesitaba. Como en las interacciones fugaces, la otra persona puede abusar de nuestra predisposición y nos veremos obligados a ser maleducados para acabar con la conversación. El poder, por su parte, también es importante. Cuando hay una diferencia, real o percibida, de poder o estatus, la persona con más peso tendrá el derecho de acabar con la interacción y podrá hacerlo educadamente o no.

Gran parte de esto, o casi todo esto, sucede más allá del nivel de la lógica o de la razón. Todo depende del carácter, del instinto, de la información sensorial y de pistas increíblemente sutiles. En las redes sociales —en línea, en aplicaciones, en juegos— todo esto es inexistente. El cuerpo no entra en juego. En gran medida, la comunicación en línea es asincrónica y dislocada. Más o menos, tenemos los mismos problemas para dar señales, percibirlas e interpretarlas. ¿Es seguro? ¿Esta persona respetará límites razonables de contacto y propiedad? ¿Es verdaderamente quien pretende ser? ¿Quiere que la salude? No hay forma de saber qué nivel de implicación tiene la otra persona ni ninguna pista de un fin inminente. Es posible que busquemos a alguien en las redes sociales y veamos qué tipo de cosas dice en público, comprobar si tenemos conocidos en común y si tiene la misma identidad, en líneas generales, en todas las plataformas. ¿Cómo podemos saber si un intercambio con tuits, una serie de comentarios, una conversación con mensajería instantánea o una correspondencia por correo electrónico ha terminado? ¿Qué tenemos que hacer si alguien siempre acaba sus mensajes con preguntas? En vivo, siempre podemos acabar una conversación sin que la persona que la ha empezado se quede satisfecha. Es brusco, pero se puede suavizar con un saludo y una sonrisa a medida que nos marchamos. En las conversaciones en las que media la tecnología, «marcharnos» solo deja silencio. No tenemos gesto alguno de finalización. Llevamos comunicándonos desde hace años de esta forma y aún no hemos encontrado ninguna pista o conducta estándar para que los inicios o finales de las conversaciones en línea sean más elegantes.

Todas estas soluciones a los problemas de los mecanismos a los que nos enfrentamos cuando compartimos el espacio público, todas estas reglas implícitas, las expresiones corporales y las palabras que salen o no salen de nuestros labios, son cuestiones de las que apenas somos conscientes. Aprender a ver lo que se nos oculta conlleva la emoción de un conocimiento secreto. Pero también es un conocimiento práctico. Nos ayuda a comprender cuándo nos sentimos bien y cuándo nos sentimos incómodos al compartir un espacio y un momento con personas que no conocemos. Nos ayuda a adaptarnos a un paisaje social en transformación, que está abierto y repleto de sorpresas, placeres efímeros y conexiones asertivas. Y aprovechar todo este conocimiento valioso y práctico nos puede llevar a construir un mundo más interesante, respetuoso y tolerante.

Esta mañana el metro parece una película de Fellini, atestado de personas que parecen feriantes desempleados y avejentados. El ruso gordo de cuello ancho es el forzudo. El domador de leones, con los rizos sueltos de su cabello naranja, lee el periódico. Una mujer robusta lleva el maquillaje reluciente de una trapecista. Otro hombre, a cuya nariz le falta poco para ser la de un payaso, se apoya en la puerta. La señora con la cara pétrea, con labios y ojos pintados de negro, sin duda fue antaño la mujer barbuda. Frente a mí está sentado un hombre alto y atezado que sostiene en su regazo con las manos temblorosas una chistera de charlatán de feria. Los miro fijamente a todos. Me maravillan de tal forma que fácilmente podrían pensar que soy una maleducada. El vagón chirría cuando llegamos a la estación y la mujer barbuda se levanta para bajar. Al pasar por mi lado, se acerca a mí y me roza el rostro.

—Todas hemos sido hermosas —me susurra.

Estas cosas ocurren en el metro de Nueva York. Pero en casi cualquier trayecto, la mayoría de las personas llevan auriculares y, por lo tanto, excluyen en gran medida la posibilidad de una interacción. Uno de mis estudiantes llevó a cabo una intervención radical y poética en esta dinámica del aislamiento. Estaba escuchando música con auriculares, sentado junto a una mujer que también lo hacía y que bailaba disimuladamente. Mi estudiante se sacó uno de los auriculares y se lo ofreció. En un primer momento pareció desconcertada, pero luego también le ofreció uno de los suyos. Cada uno escuchó la música del otro durante unos minutos y luego volvieron a ponerse sus auriculares. No se cruzaron ni una palabra.

Esta experiencia le emocionó y conmovió tanto que quiso que todo el mundo la sintiera. Pensó en formas de promocionar este acto de intercambio como un meme conductual urbano. Se le ocurrió poner pegatinas en el metro e intentó crear una iconografía que representara el intercambio e indicara cómo hacerlo. Al final, cada vez vio más claro que era imposible. Era demasiado difícil explicar de forma sencilla todos los niveles de placer que implicaba —la comunicación sin palabras, la efímera sensación de conexión, una comunión aún más profunda puesto que no era necesario hablar, la misma música— y demasiado arduo transmitir el poco riesgo que suponía y el hecho de que el rechazo o la incomprensión eran ligeramente incómodos, pero nada más.

Un momento de comunión como este no es común, pero lo podemos encontrar cuando sonreímos al cruzarnos con un desconocido. Para mí, sentirme conectada con las personas con quienes comparto el mundo es un elemento esencial de mi existencia. Sin él, aunque esté rodeada del amor de mi familia y amigos, siento una punzada de soledad y desconexión. Cuando me siento así, me voy a recorrer las calles.

Me encanta saludar a los demás y compartir bromas y conversaciones sobre sus perros inquietos. Me encanta contar y oír historias. Para mí, la sensación más profunda de comunión proviene de comprender algo del yo interno de un desconocido. Si me encuentro contigo en la calle y empezáramos a hablar, quizá no estaré solamente pasando el rato y administrándome una dosis de conexión. Quizás estaré buscando algo, una pequeña grieta que pueda abrir para mirar dentro y ver qué hay de verdad en ella. Quiero tu chispa, tu destello y las fisuras de tu imperfección.

Estos momentos iridiscentes, en los que encuentro lo que quiero, son raros. La mayoría de las veces me limito a decir hola y quizá me responden hola. Y, sin embargo, vivimos juntos en este mundo, tú y yo. Y somos desconocidos.

Una cosa es leer, otra, actuar. Puedes confiar en lo que digo, pero ¿por qué deberías hacerlo? Hablar con desconocidos es una experiencia de la vida que apela a todos los sentidos y al yo corporal. Tenemos que ir allí donde está la acción.

Cada una de las siguientes expediciones proporciona una estructura y una estratagema para ayudarnos a explorar el mundo de las personas que no conocemos. Nos dan un método o una razón para hablar con desconocidos, una solución a los problemas de los mecanismos de la interacción.

Las podemos hacer solos o acompañados. En pareja, cada uno debe embarcarse en una expedición independiente y luego intercambiar lo que nos ha ocurrido. Toma notas mentales y luego escríbelas cuando vuelvas a casa. Te animo a que las compartas en un blog, en las redes sociales, en cualquier lugar donde escribas sobre tus experiencias. Es posible que tus observaciones inspiren a amigos y lectores. Y documentar experiencias es una forma especial de procesarlas para uno mismo. Puedes propiciar que ocurran durante un solo día o a lo largo de todo un mes. Quizás alguna te gusta mucho y la repites una y otra vez. O tal vez la pruebes y llegues a la conclusión de que no es para ti. Cualquier opción es posible.

El principio básico de estas expediciones es el respeto por los demás, y todos los exploradores deberían ser muy cuidadosos con su propia conducta. Si eres hombre o tu apariencia es masculina, sé especialmente respetuoso al hablar con una mujer o con quien tenga apariencia de mujer, puesto que, por defecto, te pueden considerar una amenaza o un intruso. Sé educado, mantén una distancia física prudente y, si no recibes señales de que la persona quiere seguir con una interacción abierta, no la fuerces.

Recuerda las tremendas diferencias culturales que existen respecto al contacto visual y al comportamiento en la calle. Recuerda que el contexto es importante, como hemos visto en los experimentos de prestar ayuda en el tercer capítulo, en el que, por ejemplo, los ciudadanos de Tel Aviv eran renuentes a recoger un paquete abandonado. Quizá no todas estas expediciones tengan sentido en el lugar en el que vives. Así que, por estas razones, recomiendo no llevarlas a cabo en culturas que no conozcas o que no sean la tuya propia.

Presento las expediciones en orden creciente de dificultad: mayor complejidad, mayor riesgo emocional, mayor potencial de una interacción profunda. La primera expedición es un calentamiento para ayudarnos a ralentizar el paso y agudizar nuestra consciencia, mejorar nuestra capacidad para observar el comportamiento en público y colocarnos en la predisposición mental adecuada. Recomiendo encarecidamente llevar a cabo esta primera sin importar qué otras expediciones escojas.

Expedición: «Gente observando»

Necesitarás un cuaderno para esta expedición. Debes pasar una hora en un lugar público donde sea poco probable que te encuentres con alguien que conozcas. Puedes probar con un parque, una cafetería, una plaza, un lugar turístico, un autobús o un tren. Cualquier lugar en el que puedas pasar un rato y donde la gente no vaya de un lugar a otro con prisas es perfecto. Escoge un buen lugar donde sentarte, desde el que puedas ver a varias personas desde una distancia relativamente corta. No hagas nada que llame la atención. Apaga todos los dispositivos electrónicos, desconecta, y me refiero a que desconectes realmente. Es solo durante una hora (¡puedes hacerlo!). Parte del reto consiste en estar completamente presente.

Comienza por mirar a tu alrededor. En primer lugar, describe la escena. ¿Dónde estás? ¿Cuáles son las características más importantes del lugar? ¿A qué está destinado? ¿Qué cosas no previstas para este lugar hace la gente? ¿Qué tipo de personas hay? Toma notas sobre cómo son, cómo se visten, qué hacen y qué no hacen, cómo interactúan entre si. Si está atestado, concéntrate únicamente en unas pocas personas. Si estás inspirado para inventarles una historia, especifica los detalles que la sustentan. Por ejemplo, si llegas a la conclusión de que alguien tiene confianza en sí mismo o es rico, o que es tímido o es un trotamundos, o que es un turista o un vecino del barrio, ¿qué te ha hecho extraer semejante conclusión? ¿La postura, el color de la piel, el atuendo? Reflexiona y determina en qué se basan tus suposiciones.

Como etnógrafa, cuando acabo un estudio de campo o una entrevista transcribo mis notas y las releo para escribir comentarios adicionales tan pronto como llego a casa. Asienta la experiencia y me da la oportunidad de procesarla con un poco de distancia mientras aún la recuerdo con claridad. No es necesario que lo hagas, pero si estás disfrutando del experimento, tenlo en cuenta. Otra manera igualmente buena de metabolizar la experiencia es explicar alguna de las historias que has visto a tus amigos o familia.

Expedición: «Di "Hola" a todo el mundo»

Da un paseo por algún lugar lleno de gente, como un parque con senderos o las calles de una ciudad. Define cuál será el territorio: ¿vas a dar una vuelta a la manzana? ¿Vas a ir del roble a aquel banco que está al otro lado? Delimita un territorio razonable, algo que te tomará al menos cinco o diez minutos recorrer, que tenga una densidad razonable de viandantes pero no esté abarrotado. Camina despacio. La misión consiste en decir hola a cualquier persona con la que nos crucemos. A todas y cada una de ellas. Intenta mirarlas a los ojos, sin preocuparte de que no te oigan o de que te ignoren. Es únicamente un calentamiento.

Después, pruébalo de nuevo y añade observaciones fáticas —aquellas que no tienen mucho fondo pero que dan fe del reconocimiento social— en lugar de saludos, frases como «¡Qué perro más mono!», «Me gusta tu sombrero» o «¡Qué frío hace hoy!» Estos actos de atención rompen el velo del anonimato y crean espacios sociales momentáneos.

Centra tu atención en la dinámica de estas micro-interacciones. Te estás comportando en público de forma ligeramente inhabitual, así que observa cómo reaccionan los demás. Quizás incomodemos a algunas personas, pero, dado que lo hacemos con todo el mundo y no obligas a nadie a interrumpir su caminata, la incomodidad será mínima. Así que, ¿qué ocurre cuando saludamos a los demás? ¿Sonríen? ¿Se ríen? ¿Se sorprenden? ¿Les incomoda? ¿Le comentan a sus acompañantes lo que está ocurriendo? Si crees que puedes ponerte nervioso, hazte acompañar por un amigo. No tendrá que decir nada a nadie, solo hacerte sentir más seguro.

Expedición: «Perderse»

Esta expedición consiste en una serie de peticiones que, a medida que progresas —si eres capaz—, se van complicando más en cada fase. Debes tener a mano una hoja de papel y bolígrafo, y el móvil apagado. El primer paso es preguntarle a alguien alguna dirección. Si se para y te ayuda, pídele que te dibuje un mapa. Si te dibuja el mapa, pídele el número de teléfono por si te pierdes. Si te lo da, llámalo. Un número sorprendente de personas da su número de teléfono. Desde hace años llevo a cabo este ejercicio con mis estudiantes, pero solo uno de ellos llegó verdaderamente a llamar. «Me sorprendió lo terrorífico que era este último paso —me contó—. Cuánto espacio nos damos los unos a los otros en una ciudad tan poblada.» Te animo a ser valiente en este punto.

Tenemos que escoger con cuidado el lugar de partida y el destino, quizá debamos probarlo varias veces para encontrar un buen inicio y final. No tiene que ser demasiado fácil, o el mapa será innecesario. Pero tampoco demasiado complicado, porque entonces será difícil de explicar.

Creé este ejercicio hace casi una década, y ahora es más difícil llevarlo a cabo debido a la ubicuidad de los teléfonos inteligentes. Debes parecer plausiblemente incapaz de orientarte sin un mapa dibujado a mano o una serie de indicaciones. Tomarse el tiempo de dibujar un mapa y escribir indicaciones ya es una incursión mínima, y este ejercicio consiste en ir aumentando estas intromisiones.

Esta expedición también requiere que mintamos. Es importante prestar atención a cómo nos hace sentir.

Expedición: «La pregunta»

La gente habla si le damos la oportunidad. Habla cuando escuchamos. Esta expedición consiste en preguntarle a alguien algo apabullantemente íntimo y luego escuchar qué dice. Por «apabullantemente íntimo» me refiero a una pregunta que es inesperadamente real y personal. Una pregunta que se dirija al núcleo del yo. También debería ser una pregunta que no requiriera recordar demasiado. Quieres algo que llegue de forma inmediata y visceral. Mi pregunta favorita es la siguiente: «¿De qué tienes miedo?» Algunas personas responden que tienen miedo a las arañas y los ratones, y evitan la invitación emocional, pero la mayoría de las personas buscan en su corazón y responden que es el miedo a la muerte, al fracaso, a la soledad, a la pérdida..., y es increíble oír lo que tienen que decir, es increíble que lo compartan contigo. Puedes pensar tus propias preguntas, y probar más de una.

La estructura es la siguiente: consiste en utilizar una cámara de vídeo o una grabadora (el teléfono mismo ya te sirve) para que te ayude a legitimar la intromisión y darle alguna lógica. La cámara es a la vez una estratagema para permitir la pregunta y una mediación que sirve para que las personas se abran.

Te acercas a alguien que no tenga prisa y le preguntas si puedes hacerle algunas preguntas con la cámara. Algunos quizá querrán contestar pero no delante de la cámara (¡y esto ya te va bien!). Lo importante es la conversación, no la grabación. Empiezas a grabar antes de formular la pregunta. Luego, te quedas callado. Si te piden que aclares la pregunta, así lo haces, pero sin dar ningún ejemplo de respuesta. Tu tarea consiste en escuchar. Si la persona está cómoda hablando, puedes hacerle más preguntas relacionadas, pero no hay que precipitarse. Debes darle la oportunidad de rellenar sus propios silencios. A menudo, es en este momento cuando aparece la magia.

Expedición: «Tú no eres de aquí»

Esta última expedición te lleva a un territorio más complejo y profundo. Es la más arriesgada emocionalmente. Escoge un lugar en el que no encajes, en el que en cierta forma estés en minoría. Si eres una persona que vive la mayor parte del tiempo como minoría, esta experiencia será tan conocida para ti como la lluvia, y quizá te la quieras saltar. Debes estar claramente fuera de lugar, ya sea por la raza, el género, la etnia, la edad, la apariencia u otras categorías diferenciales. El único objetivo es observar: ¿qué hace la gente? ¿Cómo reacciona a tu presencia? Puedes intentar entablar una conversación y ver cómo va. Presta atención, observa, intenta comprender las presuposiciones microlocales sobre el comportamiento en público y asúmelas.

Obviamente, no debes exponerte al peligro, ni escoger un lugar donde puedas sufrir una agresión. Es posible que tengas una experiencia maravillosa que te abra los ojos. Quizá te sientas como si estuvieras en una versión en vivo de Shared_Studios. Pero debes estar preparados: después de esta expedición, quizá te sientas fatal. Si esto ocurre, habrás experimentado una parte esencial de la empatía: qué se siente ser tratado como una persona invisible o que no es bienvenida. No deseo nada de esto para ti, pero, si lo sientes, espero que cambie tu forma de ver el mundo.

AGRADECIMIENTOS

Quiero dar las gracias a June Cohen y Michelle Quint de TED por invitarme a escribir este libro, a Michelle por su inteligente edición del texto, y a la buena gente de Simon & Schuster por presentar este libro al mundo. También quiero agradecer a Julia Rothman por la magnífica portada y las ilustraciones.

Llevo hablando sobre hablar con desconocidos desde hace mucho tiempo. Mis sentimientos y mis conocimientos sobre los pormenores de hablar con desconocidos se han enriquecido enormemente gracias a todas las personas que han compartido sus historias, reflexiones, entusiasmo y miedos sobre sus experiencias. Doy las gracias en especial a mis estudiantes de ITP (especialmente a Liesje Hodgson, que hizo aquella llamada, y a Toby Schachman, que intercambió auriculares en el metro), a los miembros del HC, Beth Kolko, Addie Wagenknecht, Nora Abousteit, Jeff Sharlet, Cameron Caldwell, Karen Barbarossa, Nicola Twilley, Alex Molotkow, Mark Kingwell, Alix Lambert, Dennis Gavin, Lydia Pettis, a todos los desconocidos sin nombre y, prácticamente, a todos los amigos que tengo.

Con Jodi Baker he intercambiado y debatido ideas sobre desconocidos y casi cualquier otra cuestión durante gran parte de nuestra vida. Leyó por completo este manuscrito dos veces y fragmentos de él muchas veces más, e hizo críticas y lo elogió de forma que ha mejorado mucho. Mi querida y vieja amiga Rachel Devlin me dio consejos perspicaces y me incitó a afrontar las cuestiones más espinosas. Richard Nash, siempre leal, me apoyó mucho y es un editor sin parangón, y me dio el regalo de sus comentarios justo cuando más lo necesitaba. Genya Turovsky aportó su ojo poético a la prosa. También estoy agradecida a algunos comentarios inteligentes de Clay Shirky, y Emily May fue una guía e inspiración en la cuestión del acoso callejero.

Mi pareja, Bre Pettis, me proporcionó *feedback* excelente sobre el manuscrito, y siempre sonríe cuando llego a casa con otra vertiginosa historia de un encuentro con un desconocido. Le agradezco su entusiasmo extremadamente positivo por lo que escribo y por los retos que me pone. Este libro no habría sido posible sin la generosa ayuda doméstica de mis padres, Meryl Stark y John Casella, que nos cuidaron mientras escribía, y siguen haciéndolo.

OBRAS MENCIONADAS

Intimidad efímera

Nicholas Epley y Juliana Schroeder, «Mistakenly Seeking Solitude», *Journal of Experimental Psychology*: General 143:5 (2014), 1980-1999.

Gillian Sandstrom y Elizabeth W. Dunn, «Is Efficiency Overrated? Minimal Social Interactions Lead to Belonging and Positive Affect», *Social Psychology and Personality Science* 5:4 (2014), 437-442.

Gillian Sandstrom y Elizabeth W. Dunn, «Social Interaction and Well-being: The Surprising Power of Weak Ties», *Personality and Social Psychology Bulletin* 40 (n.º 7) (2014), 910-922.

Kenneth Savitsky *et al.*, «The Clonseness-Communication Bias: Increases in Egocentrism Among Friends Versus Strangers», *Journal of Experimental Social Psychology* 47 (2011), 269-273.

Mario Luis Small, «Weak Ties and the Core Discussion Network: Why People Regularly Discuss Important Matters with Unimportant Alters», *Social Networks* 35 (2013), 470-483.

Tanya Vacharkulksemsuk y Barbara L. Fredrickson, «Strangers in Synch: Achieving Embodied Rapport Through Shared Movements», *Journal of Experimental Social Psychology* 48 (2012), 399-402.

Arthur Aron *et al.*, «The Experimental Generation of Interpersonal Closeness: A Procedure and Some Preliminary Findings», *Personality and Social Psychology Bulletin* 23:4 (1997), 363-377.

Sally D. Farley, «Nonverbal Reactions to an Attractive Stranger: The Role of Mimicry in Communicating Preferred Social Distance», *Journal of Nonverbal Behavior* 38 (2014), 195-208.

Allison Abbe y Susan E. Brandon, «Building and Maintaining Rapport in Investigative Interviews», *Police Practice and Research* 15:3 (2014), 214-220.

Charles Antaki *et al.*, «Self-disclosure as a Situated Interactional Process», *The British Journal of Social Psychology* 44 (2005), 181-199.

Kathryn Dindia *et al.*, «Self-disclosure in Spouse and Stranger Interaction: A Social Relations Analysis», *Human Communication Research* 23 (3) (2007), 388-412.

Un mundo de desconocidos

Leslie A. Zebrowitz *et al.*, «Mere Exposure and Racial Prejudice: Exposure to Other-race Faces Increases Liking for Strangers of that Race», *Social Cognition* 26:3 (2008), 259-275.

Loren J. Martin *et al.*, «Reducing Social Stress Elicits Emotional Contagion in Mouse and Human Strangers», *Current Biology* 25 (2015), 326-332.

David Cwir *et al.*, «Your Heart Makes My Heart Move: Cues of Social Connectedness Cause Shared Emotions and Physical States Among Strangers». *Journal of Experimental Social Psychology* 47 (2011), 661-664.

Robert V. Levine *et al.*, «Cross-Cultural Differences in Helping Strangers», *Journal of Cross-Cultural Psychology* 32:5 (2001), 543-560.

Robert V. Levine *et al.*, «The Kindness of Strangers Revisited: A Comparision of 24 U. S. Cities», *Social Indicators Research* 85 (2008), 461-481.

Kurt Iveson, «Strangers in the Cosmopolis», en John Binnie (ed.) *et al.*, *Cosmopolitan Urbanism*, Routledge, Londres y Nueva York, 2006.

Fiona Kate Barlow et al., «The Contact Caveat: Negative Contact Predicts Increase Prejudice More Than Positive Contact Predicts Reduced Prejudice», *Personality and Social Psychology Bulletin* 38:12 (2012), 1629-1643.

Mark Rubin, «The Disproportionate Influence of Negative Encounters with Out-Group Members on Prejudice», https://sites.google.com/site/markrubinsocialpsychresearch/positive-and-negative-experiences-with-members-of-other-groups

Elijah Anderson, *Streetwise: Race, Class, and Change in an Urban Community*, University of Chicago Press, Chicago, 1990.

Elijah Anderson, «The White Space», *Sociology of Race and Ethnicity* 1:1 (2015), 10-21.

Claudia Rankine, *Citizen: An American Lyric*, Graywolf Press, Minneapolis, 2014.

Los mecanismos de la interacción

Erwin Goffman, *Behavior in Public Places: Notes on the Social Organization of Gathering*, The Free Press, Nueva York, 1963. [*Relaciones en público: microestudios del orden público*, Alianza editorial, Madrid, 1979.]

Erwin Goffman, *Interaction Ritual: Essays on Face-to-Face Behavior*, Anchor Books, Nueva York, 1967.

Jane Jacobs, *The Death and Life of Great American Cities*, Random House, Nueva York, 1961. [*Muerte y vida de las grandes ciudades*, Capitán Swing, Madrid, 2011.]

William H. Whyte, *The Social Life of Small Urban Spaces*, Project for Public Spaces, Nueva York, 1980.

Eric D. Wesselmann y Janice R. Kelly, «Cat-calls and Culpability: Investigating the Frequency and Function of Stranger Harassment», Sex Roles 63 (2010), 451-462.

Kimberly Fairchild, «Context Effects on Women's Perception of Stranger Harassment», *Sexuality & Culture* 14 (2010), 191-226.

Mitchell Duneier y Harvey Molotch, «Talking City Trouble: Interactional Vandalism, Social Inequality, and the 'Urban Interaction Problem'», *The American Journal of Psychology* 104:5 (1999), 1263-1295.

James H. Wirth *et al.*, «Eye Gaze as Relational Evaluation: Averted Eye Gaze Leads to Feelings of Ostracism and Relational Devaluation», *Personality and Social Psychology Bulletin* 36:7 (2010), 869-882.

Eric D. Wesselmann *et al.*, «To be Looked at as Through Air: Civil Attention Matters», *Psychological Science* 23:2 (2012), 166-168.

Phoebe C. Ellsworth *et al.*, «The Stare as a Stimulus to Flight in Human Subjects: A Series of Field Experiments», *Journal of Personality and Social Psychology* 21:3 (1972), 301-311.

Joshua D. Meadors y Carolyn B. Murray, «Measuring Non Verbal Bias Through Body Language Responses to Stereotypes», *Journal of Nonverbal Behavior* 38 (2014), 209-229.

Mary S. Erbaugh, «China expands its courtesy: Saying 'Hello' to Strangers», *Journal of Asian Studies* 67:2 (2008), 621-652.

Stefan Hirschauer, «On Doing Being a Stranger: The Practical Constitution of Civil Inattention», *Journal for the Theory of Social Behavior* 35:1 (2005), 41-67.

Esther C. Kim, «Nonsocial Transient Behavior: Social Disengagement on the Greyhound Bus», *Symbolic Interaction* 35:3 (2012), 1-17.

SOBRE LA AUTORA

Kio Stark es autora de la novela *Don't Follow Me Down* y del manual de aprendizaje independiente *Don't Go Back to School*. Vive y habla con desconocidos en Brooklyn, Nueva York.

La conferencia TED de Kio, disponible gratis en TED.com, es el complemento de *El tesoro de los desconocidos*.

FOTO: RYAN LASH / TED

Siddhartha Mukherjee
Las leyes de la medicina

Un libro esencial para médicos y enfermeras, y de gran utilidad para sus pacientes. Reflexiona sobre la naturaleza de la medicina como ciencia, y sobre los principios que deben regir las relaciones entre profesionales y pacientes.

El autor destaca tres principios que gobiernan la práctica de la medicina, y que deben ser conocidos por todos para mejorar la atención de los pacientes y para conseguir que todos vivamos más sanos.

Siddhartha Mukherjee es un medico especializado en cáncer e investigación.

En 2011 ganó el premio Pulitzer por su libro *The Emperor of All Maladies*. Ha estudiado en las universidades de Stanford, Oxford y Harvard y escribe asiduamente para los principales diarios de Estados Unidos.

Rob Knight
Desde tu intestino

¿Cuántos microbios hay en tu cuerpo? Tu cuerpo está formado por aproximadamente 10 billones de células humanas, pero hay unos 100 billones de células microbianas dentro y sobre tu cuerpo, lo que significa que, en gran medida, tú no eres tú. Estamos descubriendo que los microbios forman parte esencial de nuestras vidas y que en buena medida definen lo que significa ser humanos. En esta apasionante introducción al mundo de nuestra microbiota intestinal, el autor muestra cómo afecta nuestra vida cotidiana la buena o mala vida de los microbios con los que compartimos existencia, y, aunque es una rama de la ciencia que recién está comenzando, sugiere también una serie de acciones y cuidados que podemos adoptar para conservar mejor nuestra salud y vivir plenamente.

Andrés Ruzo
El río hirviente

«En estos tiempos donde todo parece estar cartografiado, medido y comprendido, este río pone en duda lo que creemos que sabemos.»

Cuando Andrés Ruzo era un niño en Perú, su abuelo le contó la leyenda de un río, perdido en el corazón de la Amazonía. Un río que hierve. Años después, Andrés, ahora geocientífico, emprende un viaje hacia este improbable recuerdo infantil, donde el azar y la ciencia se unen para ayudarlo a discernir la verdad de la leyenda. Lo que encuentra le cambiará la vida: el río sagrado existe, caudaloso y tan caliente que cocina al que caiga en sus aguas, y que además está protegido por un sabio chamán que enfrenta el maléfico peligro de la deforestación.

En la mente de este joven explorador dialogan los espíritus de la selva y los dilemas de la ciencia pura, una metáfora de nuestro tiempo.

Acompañemos a Andrés a resolver el secreto del Río Hirviente. Tal vez juntos podamos salvarlo.

Pico Iyer
El arte de la quietud

Una inesperada verdad por parte de un afamado escritor de viajes: la quietud puede ser la mayor de todas las aventuras.

Pico Iyer se ha pasado la vida viajando, desde Isla de Pascua hasta Etiopía, Cuba o Katmandú, y escribiendo acerca de lo mismo en múltiples libros.

En este libro analiza la vida de gente tan disímil como Leonard Cohen, Mahatma Gandhi, Marcel Proust y Emily Dickinson para revelar cómo la quietud puede disparar la creatividad y permitir una forma de vida que contrarreste la locura de la rapidez de la vida moderna.

Hannah Fry
Las matemáticas del amor
El amor, al igual que la mayoría de las cosas de este mundo, está lleno de patrones.

Desde el número de parejas sexuales que tenemos durante nuestra vida hasta cómo elegimos a quién contestar en un sitio de citas, estos patrones cambian y evolucionan al igual que lo hace el amor. Son comportamientos que las matemáticas pueden analizar y describir.

En definitiva, las matemáticas son el estudio de los patrones y sirven, por ejemplo, para prevenir el tiempo, el comportamiento de las partículas subatómicas, el movimiento de los planetas o el crecimiento de las ciudades. Todas estas son cuestiones complejas e igualmente difíciles de predecir.

Aquí se ofrece una perspectiva diferente, utilizando las matemáticas como guía, sobre uno de los temas más tratados por la humanidad, el amor.

Los libros TED son libros pequeños con ideas grandes. Son lo bastante breves como para leerlos de una sentada, pero lo bastante extensos como para profundizar en un tema. Esta amplia serie abarca temas que van desde la arquitectura hasta la empresa, el viaje por el espacio y el amor, y es perfecta para aquel que tenga una mente curiosa y el deseo expansivo de aprender.

Cada libro TED se relaciona con una charla, disponible online en TED.com. El libro continúa a partir de donde acaba la charla. Una conferencia de 18 minutos puede plantar una semilla o acicatear la imaginación, pero muchas crean la necesidad de profundizar, aprender más, contar una historia más larga. Los libros TED satisfacen esta necesidad.

TED es una organización sin ánimo de lucro dedicada a la difusión de ideas, normalmente bajo la forma de charlas breves pero profundas (18 minutos o menos), pero también a través de libros, animación, programas de radio y eventos. TED nació en 1984 como una conferencia en la que convergían tecnología, ocio y diseño, y hoy día toca casi todos los campos, desde la ciencia a la empresa pasando por temas mundiales, en más de cien idiomas.

TED es una comunidad global, que da la bienvenida a personas de cualquier campo y cultura que quieren tener un conocimiento más profundo del mundo. Creemos apasionadamente en el poder que tienen las ideas para cambiar actitudes, vidas y, en última instancia, nuestro futuro. En TED.com construimos un almacén de conocimiento gratuito que ofrecen los pensadores más inspirados del mundo, y una comunidad de almas curiosas que pueden relacionarse unas con otras y con sus ideas. Nuestra principal conferencia anual reúne a líderes intelectuales de todos los campos para intercambiar ideas. Nuestro programa TEDx permite que comunidades de todo el mundo alberguen sus propios eventos locales, independientes, durante todo el año. Y nuestro Open Translation Project garantiza que estas ideas puedan superar fronteras.

De hecho, todo lo que hacemos, desde la TED Radio Tour hasta los proyectos nacidos del TED Prize, desde eventos TEDx hasta la serie de lecciones TED-ED, apunta a este objetivo: ¿cómo podemos difundir de la mejor manera las grandes ideas?

TED es propiedad de una organización sin ánimo de lucro y sin afiliación política.

TED ha concedido a Empresa Activa la licencia para español
de su serie de 12 libros en papel.

Estos libros, con un formato llamativo y original, no dejarán a nadie indiferente
por la variedad de autores y temática.

Por fin vas a poder profundizar y explorar en las ideas que proponen las TED Talks.

TED Books recoge lo que las TED Talks dejan fuera.

Pequeños libros,
grandes ideas
www.ted.com
www.empresaactiva.com